洪均生老师肖像

作者携小女杨爽与洪师合影

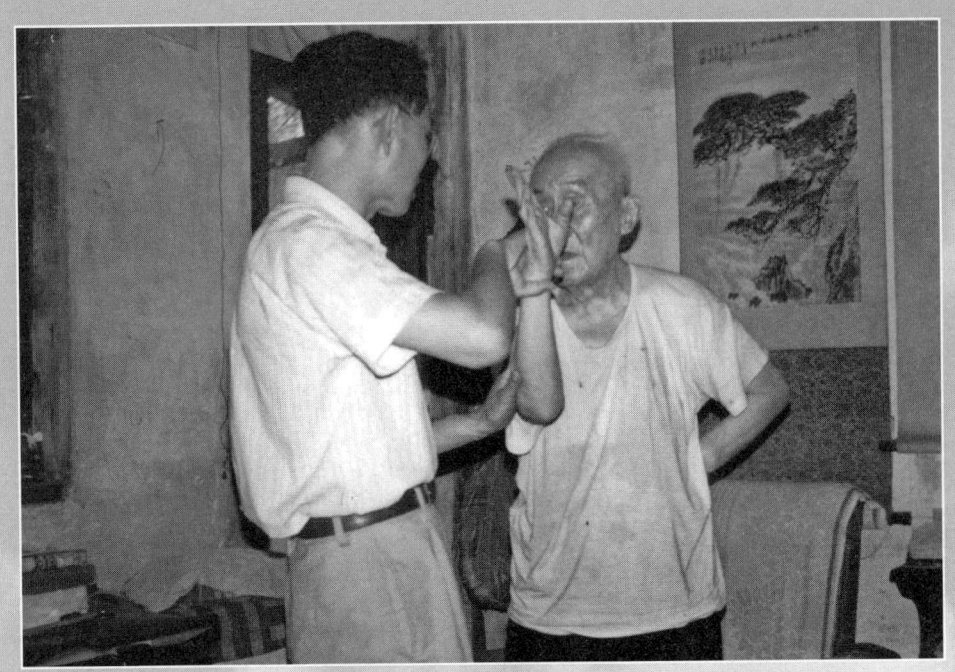

洪师指导右手掤法

洪师指导杨爽顺缠手法

洪均生传授

陈式太极拳

原理探析　用法详解

杨喜寿　著

人民体育出版社

作者在太极拳研讨会上讲演

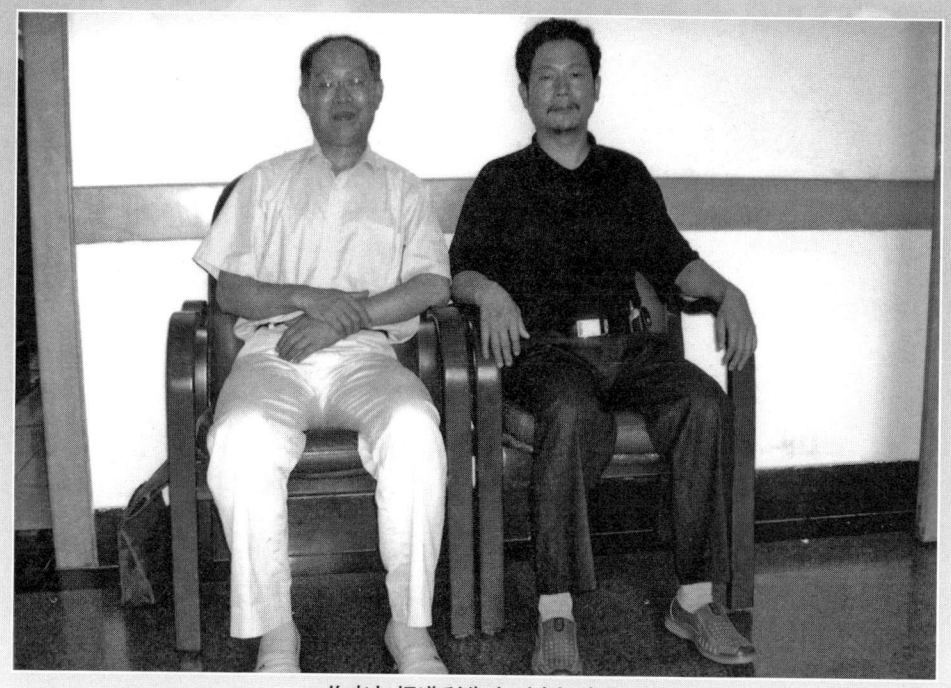

作者与杨遵利先生（右）合影

作者与英、德、法等国弟子合影

山东大学武术队合影（前排右三为教练张老师，右一为本书作者）

陈式太极拳原理探析用法详解 觉公题

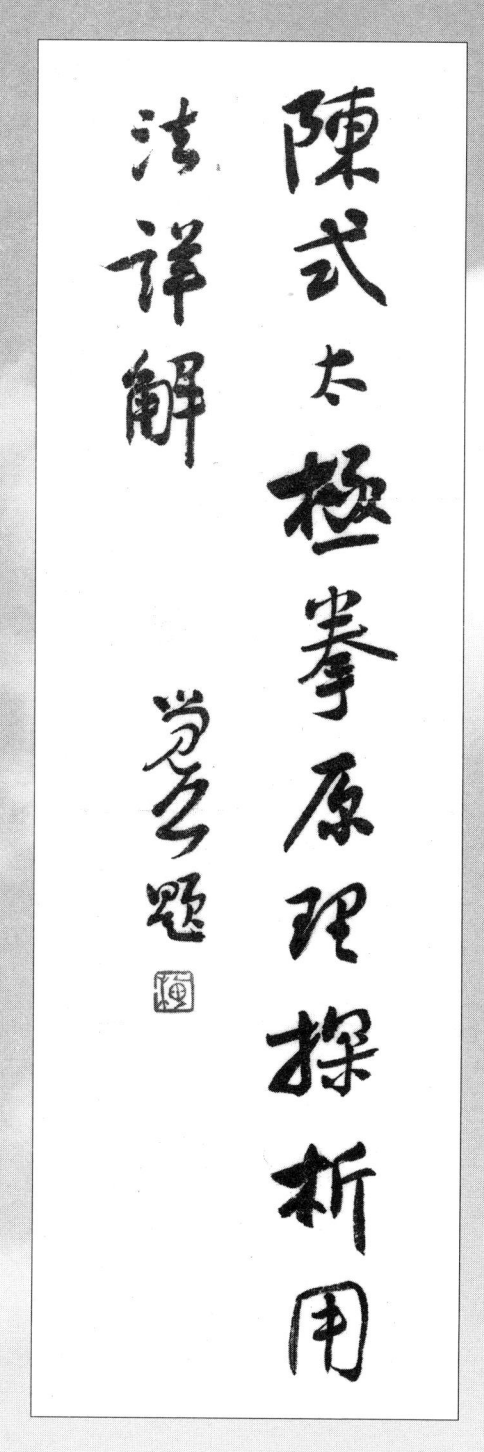

梅墨生　号觉公，国家画院一级美术师，著名书法家，太极拳名师

许盛华　著名画家、书法家，太极拳爱好者
（释文见附录）

内 容 提 要

本书是在洪均生老师所授陈式太极拳拳架及其所著《陈式太极拳实用拳法》的基础上编写的。关于拳理，在哲学层面运用《易》学中的阴阳转换理论及道家的"以柔克刚"理论。在科学方面运用近代物理学理论，例如用旋轮线原理说明"自转加公转"拳法的拉长距离效应；用冲量去解释太极拳冲拳的渗透力；用加加速度去解释太极拳崩炸劲的效果，即"急动度效应"等。关于拳法，强调使用缠法，以缠丝劲为内劲。在讲解套路时，以"练拳无人当有人"为原则，写明拳式每一动的具体用法。关于健身，强调放松慢练以培养人的整身协调能力和平衡能力；强调走足缠法以锻炼筋腱，加强其韧性，使其富有弹性。

书中提供一张 DVD 演示光盘，其视频内容包括：基本功、一路拳、二路拳、两人拆招对练、推手、精选 24 式、鞭杆 108 式，可方便爱好者学练、提高和欣赏。

序 一

洪均生先生乃陈式太极拳一代宗师，杨喜寿教授师从洪先生学艺十有五年，精心揣摩，刻苦演练，收获颇丰。本人主练形意拳也兼练太极拳。太极、形意同为内家拳，即所谓"太极形意是一家"。我与杨教授是好朋友，经常一起探讨拳艺。杨教授继承洪传陈式太极衣钵，既从师古，又有创新。师古者，以缠丝劲为内劲，以缠法为基础，阴阳转换，刚柔相济。创新者，体现在许多拳式中，例如套路中的懒扎衣式、六封四闭式、搂膝拗步式、高探马式等等都有新意，用法更加紧凑合理。

杨教授是学理科的，对数学、物理学、力学造诣颇深，书中首次对许多"太极现象"给出了合理的解释。

目前，太极拳已是广大群众喜爱的健身体育运动。该书强调放松慢练以培养人的整身协调能力和平衡能力；强调走足缠法以锻炼筋腱，加强其韧性，使其富有弹性。这些都是太极健身的核心内容，既易理解，又切实可行。

该书描述拳式时配有详细的图片，便于阅读和学习。特别值得指出的是，本书在讲解套路时，对每一式的每一个动作都详细说明其攻防技击用法。正如书中指出的，现在习练太极拳者主要目的是健身，但为了培养练拳的兴趣，为了体现出传统太极拳中的攻防艺术，讲明拳路中每一动的技击含义是必要的。

《陈式太极拳·原理探析 用法详解》一书的问世，将会成为广大太极拳爱好者的良师益友，也必将为推动太极拳的发展，为全民健身运动做出贡献。

杨遵利

2013 年 2 月 26 日

杨遵利先生为国家一级武术裁判，中国武当武术十佳武术名家，世界武术家联合会副主席，山东省省级非物质文化遗产济南形意拳代表性传承人，山东省高等学校传统武术协会主席，济南形意拳研究会会长。他自幼好武，先后师从高医俗、李静轩等武术名家修习内家拳，得罗本祺、朱蕴山先生指点，擅长形意拳、太极拳，通八卦掌等。

序 二

杨喜寿教授是山东大学太极拳协会的总教练。我是山东大学太极拳协会会员——杨老师的徒弟。杨老师在教拳的过程中，经常给我们讲解洪均生师爷的拳理、拳法。他的讲解深入浅出，并且提出一些独到的见解。我们一直盼望老师著书立说。知道杨老师的大作《陈式太极拳·原理探究 用法详解》即将问世，我们立即传阅了书稿，读到精彩之处都很激动。经过一番议论之后，大家委托我代表协会为这本书写一篇序言。

杨喜寿老师，1965年毕业于山东大学数学系，毕业后留校任教，为山东大学教授。曾任山东大学管理科学系系主任、山东大学管理学院党委书记、山东省应用统计学会理事长等职。为什么要介绍这些呢？杨教授现已年过七旬，不但太极拳拳艺高深，而且身体很好。我想告诉大家的就是，从杨教授的经历可以看出，太极拳是一项很好的业余活动。练拳可以娱乐，可以健身，可以陶冶情操，可以促进工作。管理工作者、科技工作者、文化工作者如果能走进太极拳之门，不但能强身健体、促进工作，而且也必将能促进太极拳的发展。

杨教授1981年1月从洪钧生老师学习陈式太极拳，在洪师逝世前的15年中，得到洪师的精心指教，对洪师的拳理有较深入的理解，并较熟练地掌握了洪师的拳法。20世纪80年代业余时间杨老师经常在山东大学校园练拳，吸引了不少学生随老师学拳。为了方便大家交流学习，1999年在杨教授的指导下成立了"山东大学太极拳社"，后改名为"山东大学太极拳协会"。

在老师的悉心指导下，山大太极拳协会在这十多年中，一批又一批的会员爱上了太极拳，练太极拳成了生活中的一个重要组成部分。杨老师的弟子现已遍布祖国各地，世界十多个国家都有杨老师的弟子。已走向工作岗位的协会的师兄师姐中，有大学教授、有公司经理、有金融方面的佼佼者，也有保卫着国家人民安全的军人。每年的11月，在从各地赶来为老师过生日时，从师兄师姐们的交流中，我们得知，在山东大学学习期间，正是习练太极拳，使得大家在如饥似渴地吸收知识的同时精神得到了放松，使得时刻处于紧张状态的大脑得到积极的休息，使得久坐不动的肢体得到了锻炼，大大提高了学习的效率。

2006年秋，杨老师迁居山东大学兴隆山校区，笔者在该校区学习生活了两年，有幸每天跟随在杨老师身边练拳，得到了杨老师的精心指导，这是我一生中难得的机遇。我一有空就翻看协会历年来活动的照片，以及老师和同学们一起录制的视频，不由得回忆起了在老师身边的点点滴滴……

记得大一军训期间，在操场上经常看到一群打拳、舞刀弄枪的学生，一位并不高大的老者，着一件白衣，安静地微笑着站在一旁，时不时地指导一下学生的动作。在这期间，我经常见到一些学生，包括一些身材高大的学生，与老师一接手便跌倒在地。我以前就听说过"内家拳以静制动，应手即仆"这句话，现在算是亲眼见到了。军训结束后我也加入了太极拳协会，开始跟随杨老师走进了太极拳学堂。协会规定的练拳时间是下午4:30到6:00，在师兄师姐带我们练完拳之后，老师会给我们改式子，教用法，每每老师话音刚落，便响起同学们的阵阵掌声。兴起之时，老师偶尔会给我们讲讲他学拳之时和洪老师以及师兄弟们的小故事，高兴之处，便和同学们一起开怀大笑。常常是在下午7点多，有时甚至8点多，在师母电话的一再催促下，老师才回家吃饭。现已七十多岁高龄的老师，能一直不停歇地指导学生练拳两三个小时，实在是难能可贵。你要知道，这期间老师还不断地和学生试手，为了让学生理解和掌握某些动作，经常将学生摔翻在地。老师为人非常谦和。当我们看到其他人练拳与自己的不同时，便来问老师，老师总是说，"他这样做一定有他的道理，我猜他是这样想的……而我是这样理解这一式的……"老师从来不说自己这门派多么多么好，那个门派怎么怎么不行。老师总是对我们讲，我们练的拳的特点是什么，而不去比较什么好坏。

老师常对我们讲，作为业余太极拳爱好者习练太极拳，应当把强身健体放在第一位，但是为了培养对太极拳的兴趣，讲的最多的是太极拳的技击技巧。在教学过程中，对于套路中的每一式都反复和我们做试验。在交手试验的基础上改进了某些拳式。

我见过洪均生师爷练拳的视频，当然经常见的是杨老师打拳。欣赏师爷和老师打拳是一种享受。师爷和老师拳姿之轻灵如"行云飘飘，微风柳摇"；拳姿之雄浑又如"江河涛涛，狂飙千里"。

我仔细读了老师的书稿，虽然有许多内容在平日学拳的过程中老师给讲过，但心里没有一个完整的系统。这次读过书稿之后，确有耳目一新的感觉，印象深刻的有以下几点：

（一）相对其他有关太极拳著作，对太极十三势给出了更为详细、更为深刻的论述。

（二）提出了"松慢圆缠"的太极拳四字诀，并进行了科学的分析。

（三）强调放松慢练以培养整身的协调能力；加大缠法以锻炼筋腱，培养缠丝劲（即太极内劲）。

（四）对套路中的每一拳式都给出了其技击含义。

（五）书中用近代物理学的知识解释了某些"太极现象"，例如用旋轮线原理解释"公转加自转"的缠法效用等。

（六）将健身、娱乐、技击紧密结合起来，例如书中的擒拿和反擒拿两人对练，既是防身技击训练，也是有趣的娱乐项目。又因为相互之间擒拿，使手指以及腕部、肘部、肩部的筋腱得到充分的锻炼。

（七）书中既重视太极拳传统意义上"意"和"气"的作用，又不妄谈"意"和"气"。

我们期望此书的问世能对太极拳有所推动。真心地祝愿我们的恩师杨喜寿教授健康、幸福、长寿！

山东大学太极拳协会
符新双执笔
2013 年 5 月

前　言

　　就拳理、拳法而言，陈式太极拳"理精法密"。洪均生老师继承了陈式太极拳一代宗师陈发科先生的衣钵，对陈式太极拳进行了几十年的演练、试验、研究，并在继承的基础上有所发展、有所创新，使太极拳进入到一个新的境界。所谓拳法，主要是指拳式中的攻防技击招式。太极拳拳法特色鲜明。在拳界，一提到八法"掤、捋、挤、按、采、挒、肘、靠"，提到"以静制动，以柔克刚"，人们马上就会与太极拳联系起来。在拳理方面，太极拳也独树一帜，完全遵照中华古典哲学——《易学》的阴阳理论。阴阳理论是太极拳的基础。大约从武式太极拳的创始人武禹襄（1812—1880年）开始又有了气功理论，例如提出了纯以气言的所谓"敷盖对吞"四字密诀。"以心行气，以气运身"等练功方法，至今广为流传。气功一词是何时出现的暂且不论，因为武禹襄把气在太极拳中的作用提到从未有过的高度，我这里借用气功一词来表达。陈式太极拳强调缠法、缠丝劲，其代表人物是陈鑫（1849—1929年）、陈发科（1887—1957年）和洪均生（1907—1996年）等。陈鑫在其所著《陈式太极拳图说》中讲："太极拳，缠法也。"洪均生在其所著《陈式太极拳实用拳法》中讲："通过螺旋运动的顺、逆互变，持久锻炼自然产生的一种劲，就是'缠丝劲'。陈发科先生称之为掤劲，也就是一般所说的内劲。"许多太极拳门派既讲"气"，也讲"缠丝劲"，但侧重点不同，对"气"和"缠丝劲"功能看法不同。

　　用易理指导太极拳无可厚非，但过于笼统。近些年来，已有不少人开始从人体科学、力学等方面来研究太极拳，例如已有关于太极拳力学方面的著作问世，这是很有意义的探讨，但离开解释太极拳现象还相差甚远。有人做了某些很有意义的对比研究，例如假定有甲乙两人，甲是一位具有太极拳功夫的人，乙是练散打的人。经过测试，甲冲拳的力量小于乙，但同被甲乙冲拳击中胸部的丙会感到甲的拳更有渗透力。类似如这样的现象，我们将其称之为太极现象。通过放松慢练能练出一种"掤"劲，一种柔中有刚的劲，一种崩炸劲，一种具有渗透力的劲，即使当代比较成熟的生物运动力学也难以圆满地解释。关于太极拳的理论研究还有广阔的空间。

太极拳是先人留传给我们的宝贵的非物质文化遗产，每个太极拳爱好者都有责任将其发扬光大。我拜陈式太极拳大家洪均生为师学拳15年，得到洪师的精心指导，对洪师所授拳理、拳法，特别是关于缠丝劲、缠法，关于太极十三势等方面的理论及应用，是在二十几年的演练、试验、教学过程中逐步理解的。本书中，在总结前人练拳经验的基础上提出了"松慢圆缠"四字练拳要诀；在洪师讲解十三势的基础上将其做了更加细化的论述。在拳理拳法研究中，一方面我们注意到用易理去解释，例如所谓"下塌外碾"就是收中有放、放中有收的拳法，就是"阴不离阳，阳不离阴"的"阴阳相济"理论的体现，用现代的哲学语言讲就是符合矛盾对立统一规律。另一方面我们也注意到尽量用现代科学做出解释，例如关于"腰如车轴""活似车轮"的拳法，提出了所谓的"套筒原理"；用旋轮线原理说明"公转加自转"拳法的拉长距离效应；用冲量去解释太极拳冲拳的渗透力；用加加速度去解释太极拳崩炸劲的效果，即"急动度效应"等。现代太极拳文章、书籍中常出现的一些近代物理学概念，但其中有一些解释或应用不甚恰当。本书试图用尽量通俗的语言讲解这些物理学概念，一方面是为了探讨物理学在太极拳中的应用，另一方面也是为了纠正对这些物理学概念的误解。

武术的定义是："以中华文化为理论基础，以技击方法为基本内容，以套路格斗功法为主要运动形式的传统体育。"太极拳是武术的一个组成部分，当然要讲技击。本书用大量的篇幅讲技击，但是我们的主要目的是健身，按照太极拳原本的技法练拳是达到健身目的的一个途径。

我的一些朋友、学生经常劝我，希望我能把给学生讲解的拳理、拳法写出来。从2011年夏开始动笔，原以为用不了一年便可完成，但动笔之后，才有了"山高路远"之感。特别是对套路中的某些拳式，经历了反复试验、反复修改的艰难过程。对于熟识洪传陈式太极拳的朋友，看到本书中的某些拳式图说，可能不以为然。这里，我借用洪师在《陈式太极拳实用拳法·自序》中的一段话给出解释，"拳法各式动作，虽较原来略有改变，然而对陈鑫先生提出的基本规律——缠法则严格遵守，且更加缜密细致"。

限于作者水平，书中不足之处甚至错误在所难免，望读者批评指正。

杨喜寿
2014年元月于山东大学南山小区寓所

目 录

一、太极拳的渊源及传承 ……………………………………（1）

二、缠法 …………………………………………………………（5）
  （一）躯干的缠法 ……………………………………………（5）
  （二）手的缠法 ………………………………………………（6）

三、太极十三势 …………………………………………………（7）
  （一）眼法 ……………………………………………………（7）
  （二）身法 ……………………………………………………（8）
  （三）步型 ……………………………………………………（8）
  （四）步法 ……………………………………………………（10）
  （五）手法（八法）…………………………………………（12）

四、基本功练习 …………………………………………………（16）
  （一）单云手 …………………………………………………（16）
  （二）双云手 …………………………………………………（21）
  （三）盘步 ……………………………………………………（23）

五、太极文化 ……………………………………………………（25）
  （一）太极哲学 ………………………………………………（25）
  （二）太极艺术 ………………………………………………（26）
  （三）服务社会 ………………………………………………（26）

六、如何学练陈式太极拳 ………………………………………（28）
  （一）求明师和读名著 ………………………………………（28）

1

（二）老架好还是新架好 ………………………………（29）
　　（三）学练太极拳需多长时间 …………………………（30）

七、洪传太极拳套路概述 …………………………………（32）

八、洪传太极拳第一路八十一式诠释 ……………………（33）
　　（一）第一路八十一式式名 ………………………………（33）
　　（二）第一路八十一式拳式动作说明及图示 ……………（34）

九、特色拳式的演变 ………………………………………（132）
　　（一）金刚捣碓 ……………………………………………（133）
　　（二）懒扎衣 ………………………………………………（134）
　　（三）六封四闭 ……………………………………………（134）
　　（四）单鞭 …………………………………………………（135）
　　（五）掩手肱捶 ……………………………………………（136）
　　（六）庇身捶 ………………………………………………（137）
　　（七）白鹤亮翅 ……………………………………………（138）
　　（八）搂膝拗步 ……………………………………………（139）
　　（九）左（右）插脚和左（右）蹬脚 ……………………（141）
　　（十）云手 …………………………………………………（142）
　　（十一）裹身鞭 ……………………………………………（143）
　　（十二）连环炮 ……………………………………………（144）
　　（十三）大肱拳小肱拳 ……………………………………（144）
　　（十四）劈架子 ……………………………………………（145）
　　（十五）回头当门炮 ………………………………………（145）

十、拳理拳法探析 …………………………………………（148）
　　（一）易理及物理学知识等基础理论 ……………………（148）
　　（二）缠法功能解 …………………………………………（153）
　　（三）形、意、气解 ………………………………………（156）

十一、洪传太极拳要点分析 (159)

  (一) 松慢圆缠 (159)
  (二) 下塌外碾 (160)
  (三) 肘不离肋 (160)
  (四) 裆要开圆 (161)
  (五) 松肩沉肘 (162)
  (六) 前发后塌 (162)

十二、陈式太极拳拳法特点 (163)

十三、陈式太极拳技击与健身 (165)

  (一) 太极拳的技击意义 (165)
  (二) 太极拳的技击特点 (166)
  (三) 太极推手 (168)
  (四) 擒拿法及其化解和摔法应用详解 (171)
  (五) 强身健体 (190)

十四、太极拳之谜 (193)

  (一) 太极拳起源、传承及式名问题 (193)
  (二) 太极拳形、意、气与经络问题 (195)
  (三) 太极拳双重问题 (197)
  (四) 太极现象 (198)

附录 (200)

  一、太极拳论（王宗岳） (200)
  二、陈式太极拳品并序（洪均生） (200)
  三、喜寿太极赞并释（许盛华） (203)
  四、学拳小记 (205)

后记 (211)

一、太极拳的渊源及传承

本书主要参考文献为洪均生著《陈式太极拳实用拳法》，陈鑫著《陈式太极拳图说》，王宗岳著《太极拳论》。以后将其分别简称《实用拳法》《陈说》《王论》。

太极拳发源于何时、何地，由谁创造，是一些有争议的问题。我认为像现在这样完美的太极拳不会是在一时、一地由一人所创造，而是经历了一个漫长的发展演变过程。《陈说》中提到"太极理循环，相传不计年"，也就是表达了这样的意思。只不过在某地、某时确实出现过几位对太极拳做出突出贡献的代表人物，例如明末清初河南温县陈家沟陈王廷就是一位创造太极拳的代表人物。陈王廷为明末军人，精通拳术，明亡闲居在家，所作一词有这样的一段："叹当年披坚执锐，扫荡群氛……到而今，年老残喘，只落得黄庭一卷，随身伴，闲（原文"闷"）来时造拳，忙来时耕田……"当然，现今所流行的太极拳不会完全像他当年所造之拳。他当年所造之拳只能说是太极拳的雏形。

现在流行的陈式太极拳有一些式名和戚继光的《拳经三十二势》中的式名相同或相近。戚继光生于1528年，去世于1587年。陈王廷生于1600年，去世于1680年。陈王廷从军期间，想必应当学过戚继光的拳法，至少是了解的。明朝亡于1644年。我猜想，陈王廷回乡所创编的拳法应当与戚继光所传拳法有一定的关系。

经历数百年的传承发展，太极拳现已是中华武术的重要组成部分。太极拳从陈氏传到其他姓氏以后，逐渐产生出具有新的特色的太极拳门派，例如被称为杨式、武式、吴式、孙式等门派。杨、吴、武、孙式太极拳的创始人分别是：杨露禅、武禹襄、吴鉴泉、孙禄堂等。原发太极拳则被称为陈式太极拳。新门派的形成一般有三个条件，即创始人功夫好、拳法有特点、弟子众多。创新未必是全面超越，而主要是另具特色。

太极拳的传承如图1-1所示。

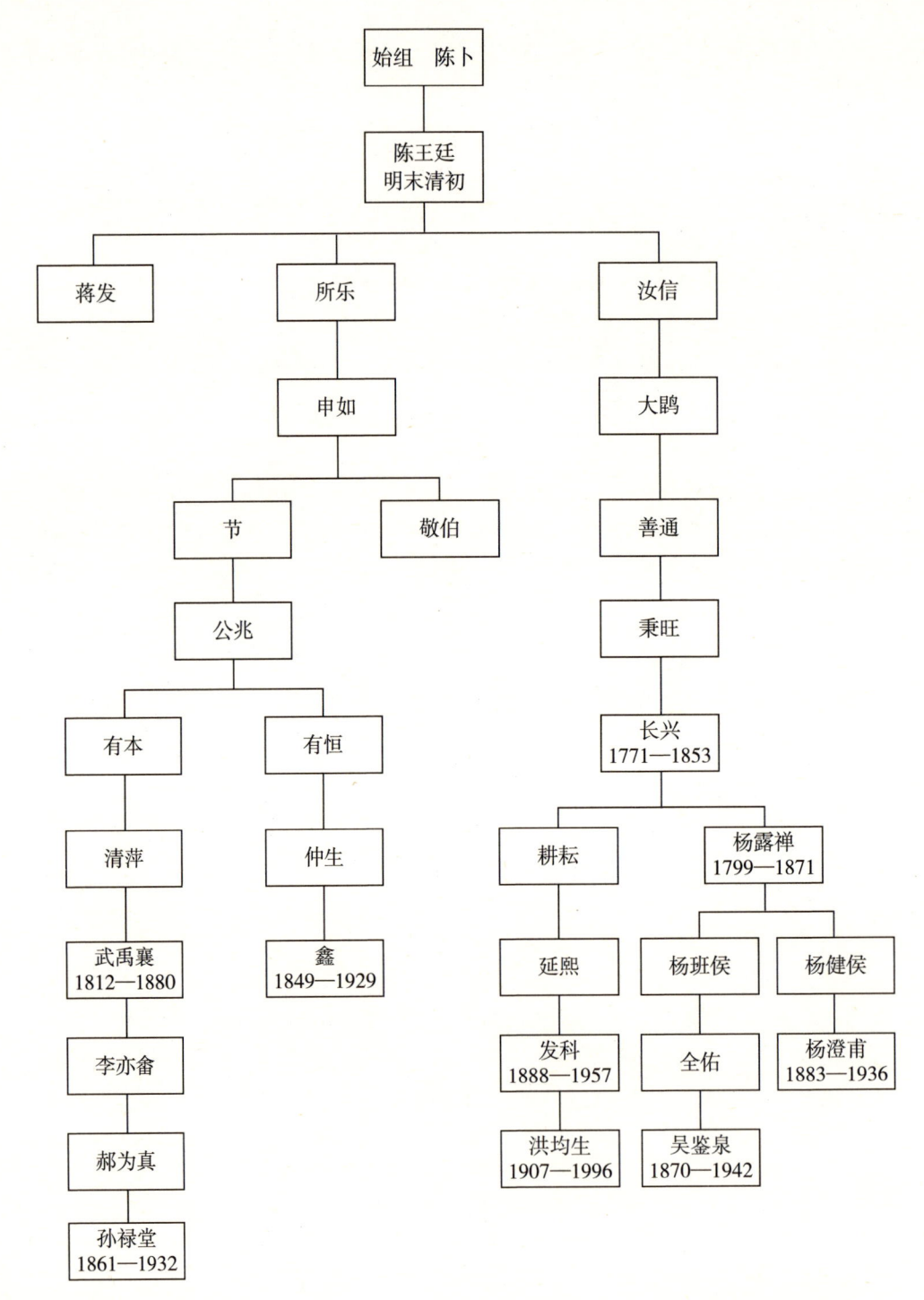

```
                    始组　陈卜
                        │
                    陈王廷
                    明末清初
          ┌─────────────┼─────────────┐
        蒋发           所乐           汝信
                        │             │
                       申如          大鹍
                        │             │
                    ┌───┴───┐        善通
                    节     敬伯        │
                    │                秉旺
                   公兆                │
              ┌─────┴─────┐          长兴
             有本        有恒      1771—1853
              │           │      ┌────┴────┐
             清萍        仲生    耕耘     杨露禅
              │           │      │      1799—1871
           武禹襄         鑫     延熙    ┌───┴───┐
         1812—1880    1849—1929  │    杨班侯  杨健侯
              │                 发科     │       │
            李亦畬             1888—1957 全佑   杨澄甫
              │                  │       │    1883—1936
            郝为真              洪均生  吴鉴泉
              │                1907—1996 1870—1942
           孙禄堂
         1861—1932
```

图 1-1

陈家沟陈氏第一世为陈卜。据说陈卜精通拳械，但年代久远，无从可考。有史料可考的应从陈王廷开始。一代宗师陈发科先生是陈氏第十七代。若从陈王廷开始，陈发科先生应为太极拳第九代传人。陈发科先生于1928年由陈家沟进京授拳。洪均生老师于1930年开始在北京从陈发科先生学习陈式太极拳。洪师所著《陈式太极拳实用拳法·自序》中写道："朝夕相随，学拳十五载，言传身教，获益匪浅。"洪师于1944年迁居济南，开始在济南传播陈式太极拳。现在洪门弟子所练的套路是洪师于1956年以后改编定型的。1956年春，洪师再次赴京向陈发科老师请教。洪师讲："蒙师从头指点，将套路各式之动作详加讲解，并亲手教我试验。"洪师又讲："我当时征得陈师允许，将他所讲解试验的着法，融贯于原来所学的套路中，企冀为学拳者开辟一条走向掌握陈式技击奥妙的捷径。因此，从1956年后，遂以此套路拳法传于济南学生。"洪均生老师于1996年去世。五十多年间，洪师培养的学生遍及全国及世界许多国家和地区。洪师虽已去世，但继承其拳艺者众多，因为他所传授的陈式太极拳和其他地方演练的拳架略有不同，所以又被称为"洪传陈式太极拳"或"洪派陈式太极拳"。现在也有许多人将其称为"洪式太极拳"。在本书中，这几种称谓我们也间或使用。尽管如此，洪均生老师所传授的拳法仍应为典型的陈式太极拳。一是因为洪师继承于陈发科先生，只是在陈发科先生拳法的基础上有所发展。二是洪师深入地研究了《陈说》，所有的发展都基于《陈说》中的缠丝劲、缠法理论。

目前各地所演练的陈式太极拳大都来源于陈发科先生，但练法有明显差异。差异主要表现在以下几个方面：套路结构、个别拳式式名、个别拳式练法、练拳风格等。我认为，即使有这些差异，即使练法不完全和当年陈发科先生所授相同，仍然应是陈式太极拳。太极拳的共同点是在练法上强调"松、慢、圆"；太极拳中的陈式太极拳的共同点是强调"缠丝劲"和"缠法"。

我于1981年元月拜洪均生为师学练陈式太极拳，随后携小女杨爽一起跟洪老师学拳。在跟随洪师15年的时间里，得到洪师热情关怀和精心指教，在拳艺和做人两个方面都深受教益。我当时已步入中年，洪师仍鼓励并期望我能成功，这使我终生难忘。下面是洪师对学生的鼓励之词：

"山东大学数学系教授杨君喜寿谦敏好学，从我习练陈式太极进步较快。小女杨爽亦聪颖可爱，对文武两途，都是好苗子，希见有成。

一九六六年我曾戏作西江月小词有句：万里长征不难，只要步步向前。菏泽学拳女生闫浩然见而爱之，请戎书为座右铭。今书之以示小爽，质之喜寿以为何如。"

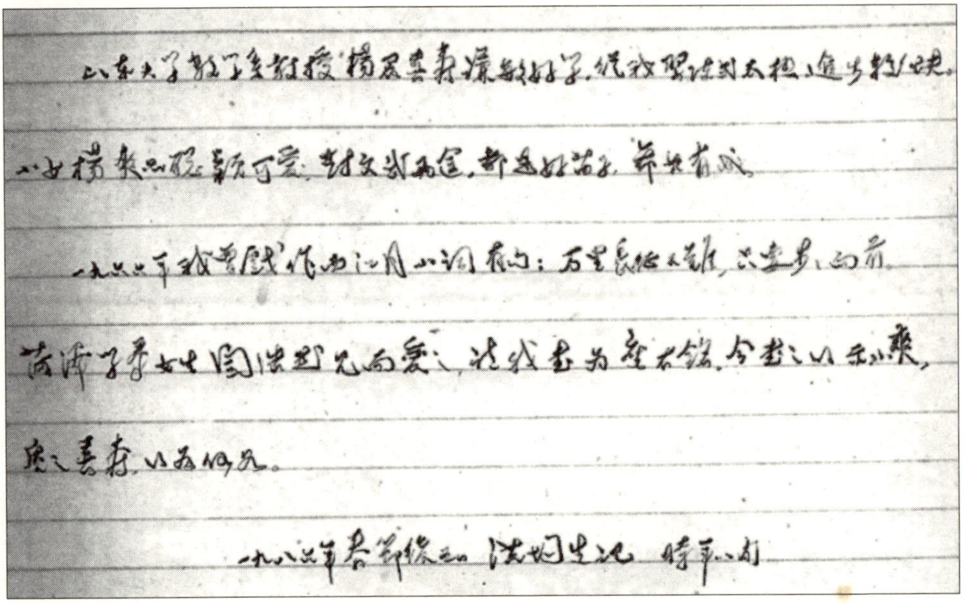

图 1-2　洪师手迹影印件

　　关于我学拳的经历，在本书的附录中写成《学拳小记》一文。从 20 世纪 80 年代末，我在山东大学校园开始教授陈式太极拳，在这二十几年练拳、试验、教学过程中逐步加深了对洪师所授拳理拳法的理解。写本书的目的也就是希望将陈式太极拳发扬光大。

　　张三丰创立太极拳的传说至今广为流传。上面我们提到的《王论》，有一版本是早年"万县兴隆街裕兴昌印"，其中有一评注："右系武当山张三丰老师遗论，欲天下豪杰延年益寿，不徒作技艺之末也。"沈寿先生所点校考译的《太极拳谱》有如下一段文字：

　　　　以上原注，显系后人所加……纯属附会而已。所谓"张三丰创太极拳"之说亦自兹而兴。前人对此做过许多考证工作，如清代李亦畬抄写的王宗岳太极拳谱，有跋文作于光绪七年，据唐豪考证认为"亦畬太极拳序云：'太极拳不知始于何人。谱中亦无武当山真仙张三丰老师遗论等注，可证太极拳附会于张三丰，万光绪七年以后的事。'"

　　李亦畬为清末太极拳名家，对太极拳有很深入的研究，如果太极拳真为张三丰所创，他是不会不知道的。我认为以上考证非常有力，张三丰创太极拳无疑是不真实的传说。

二、缠 法

"缠法"一词用于太极拳,见于文字较早期的著作是陈鑫的《陈式太极拳图说》。《陈说》中关于缠法有以下论述:

"太极拳缠法也,进缠、退缠、左右缠、上下缠、里外缠、大小缠、顺逆缠,而要莫非即引即缠即进即缠。"

"吾读诸子太极圆图而悟,打太极拳须明缠丝劲。缠丝者,运中气之法门也,不明此即不明拳。"

"拳以太极名,古人必有以深明乎太极之理,而后于全体之上下左右前后,以手足旋转运动,发明太极之蕴……"

《陈说》提到了顺、逆缠,但何为顺缠、何为逆缠没有详细说明。洪师在其著作《陈式太极拳实用拳法》中将手的顺、逆缠法定义为:"凡拇指向外翻转将掌心转向上,则为顺缠;小指向外翻转将掌心转向下,则为逆缠。"在做顺、逆缠法时,手掌不是平面,而是呈螺旋形,即以中指领劲,梢节转的幅度略大,越往根节转幅度越小,拇指根节与手掌贴近。陈式太极拳握拳时,就是使用顺缠握成螺旋形。

腿部顺、逆缠法是这样定义的:膝部上提外转为顺缠,膝部下垂内扣为逆缠。躯干的缠法即为左右转体。身体的左右转动和腿的顺、逆缠法是相互配合的。身体左转,腿部是左顺右逆;身体右转,腿部是右顺左逆。应当注意的是在左右转体时,躯干的中心轴线要垂直地面,不得左右倾斜。

陈式太极拳的基本规律是缠法,所谓内劲就是缠丝劲。缠丝劲、缠法是陈式太极拳的核心内容,书中所讲的拳理拳法都离不开缠丝劲、缠法。以下介绍几个应用缠法的例子。

(一) 躯干的缠法

假定乙(穿深色衣者)用双手推按甲(穿浅色衣者)胸部(图2-1),甲向右(或向左)转体,就可化解乙的来力。如果乙用力过猛,就会向前倾倒(图2-2)。

图 2-1　　　　　　　　　　　图 2-2

（二）手的缠法

通过手部顺、逆缠法的日久练习，可培育出手指良好的缠丝劲，使手指非常灵巧。在与对方交手时，手指灵巧的动作可起到"四两拨千斤"的作用。例如：当乙按甲胸部时（参见图 2-1），甲右转体化解乙的按法（参见图 2-2）；乙左手顺缠用中指梢节按甲胸部右侧，则可使甲向后倾倒。当然，这种手部顺、逆缠法的功能也必须有整身旋转的协调配合。

许多拳术都使用所谓"金丝缠腕"拿法。在陈式太极拳的套路中多处使用金丝缠腕拿法，实际上它就是一种反拿法。例如：对方用右手拿我右手腕，我用左手扣压在对方右手背上，右手顺缠反拿对方右手腕，这样的拿法简称为"右缠拿"。左缠拿和右缠拿是左右对称的。再举一种双手抱缠的拿法，其方法是左手拿对方左手腕，右手从下方扣紧，双手顺缠，这样的拿法称为"双抱缠"。在陈式太极拳的套路中有几处使用双抱缠。在以后讲解拳式动作时，直接使用右缠拿、左缠拿、双抱缠这三个词，不再详细说明。

三、太极十三势

洪师在其著作中讲:"太极拳譬如一座建筑物,十三势则是它的建筑材料。在手法上为掤、捋、挤、按、采、挒、肘、靠八法;在步法上为前进、后退二法;在眼法上为左顾、右盼二法;在身法上为中正一法。陈式与其他式在原则上是相同的,但在讲解和运用中大有不同。"这里把八法称为手法,是广义的,因为其中包括肘法和靠法。洪师对太极拳中的十三势有独到见解,他总是用缠法、缠丝劲来讲解十三势。我们依照眼法、身法、步法、手法的顺序对十三势作较为详细的讨论。

(一) 眼 法

眼所视方向有顺逆之分。主要方向是未动步前,以出步的方向为主。出步方向定后,则以手的最后攻击目标为准。眼的方向和身法、步法一致为顺,眼的方向与身体旋转及手法运行方向相反为逆。这里讲"主要方向",是因为眼的视角约150°,拳论中有"左顾右盼"之说,所顾之点为实,就是主要方向;所盼之面为虚,是次要方向。拳式中的动作眼法多为顺,也有逆。例如:一路拳第十三式金刚捣碓的第1动是右侧掤法,身向左转,手向左前运行,眼向右看,眼法为逆。再如:一路拳第十六式背折靠等2动,右转身,右手向上转,眼看左前下方,眼法为逆。练拳时这种逆势眼法最易犯错,"眼随手运"的提法是不确切的。拳式中有些动作双手同时向相反方向运动,眼应随哪只手运?例如倒卷肱式,当左手向前运行时,右手同时向后方运行,此时眼仍应向前看左手方向,因为目标在前方。但有的随着右手向后运行,眼也随着向后看,这是不正确的。

（二）身　法

太极拳要求身法中正。就身法中正这一点，练拳时易犯身体前倾后仰、左右歪斜等错误。以一路拳第三十三式左蹬脚为例，应以左手控制住对方左手，蹬脚时身体不能上起，不能向右倾斜，要踏好裆劲。有的人练这一式时身体上起且向右倾斜，意欲放长击远，实则重心不稳。在运动过程中，每一动都是在或左或右转体带动下完成的。左右转体是由左右腿的顺、逆缠法配合完成的。左右腿顺、逆缠法配合转体，使身体呈螺旋型，而躯干的中心轴垂直地面。

（三）步　型

前面讲十三式步法时，只提到前进后退。这里我们将详细讲述太极拳中的步法，包括步型、脚步移动以及两人交手时的顺步、合步、套步、衬步等。步型分为6大类，每类又可分为若干小类。

1. 马步。

(1) 小正马步

小正马步是两脚开离一肩宽，两脚平行站立。若以小正马步站立，两臂在身体两侧自然下垂，目视前方，虚领顶劲，胸部虚含，腿弯部微屈，尾骨长强穴略后翻，膝部略内扣，裆部开圆。这种姿势可作为太极拳一种桩功来练，称为无极桩。

(2) 大正马步

大正马步比小正马步步幅大，约两肩宽。由于步幅大，所以重心也就略低。为了降低重心，可尽量下蹲，但下蹲时大腿根部必须高于膝部。以后提到马步也就是指大正马步。

(3) 左侧小马步、右侧小马步

假定面南小正马步站立，将右脚脚尖外摆约45°，同时右转体，面向西南便成右侧小马步。左侧小马步和右侧小马步左右对称。

(4) 左侧马步、右侧马步

假定面南马步站立，将右脚外摆约45°，同时右转体，面向西南便成右侧马步。左侧马步与右侧马步左右对称。在拳式中，侧马步是使用较多的步型。

(5) 内八字步

由马步将某一脚脚尖内扣，或两脚脚尖同时内扣，便成为内八字步。内八字步多用于后扫腿时。例如欲后扫右腿，先内扣左脚脚尖，为右腿后扫造势。

(6) 外八字步

由马步将某一脚脚尖外摆便成为外八字步。外八字步多是为了增大转体的角度。例如一路拳第三式六封四闭的第4动，为加大左转体的角度而外摆左脚尖。

2．虚步：虚步分前、后、左、右共4种。

(1) 左前虚步、右前虚步

假定面南小正马步站立，左转体，左脚脚尖外摆约45°，面向东南，重心落于右腿便成为左前虚步。右前虚步和左前虚步左右对称。洪派拳法前虚步的前脚一般不是脚尖点地，而是全脚掌着地，但有些前虚步的前脚是须脚尖点地。在以下讲解套路拳式时，遇到这种情况将特别加以说明。

(2) 左后虚步、右后虚步

假定面南小正马步站立，右转体，右脚脚尖外摆45°，左脚以脚尖为轴外摆约45°，面向西南便成左后虚步。左后虚步左脚脚尖点地，右后虚步和左后虚步左右对称。

3．仆步：仆步有大、中和左、右之分。

(1) 左大仆步、右大仆步

假定面南站立，两脚开离较马步略大，右腿屈膝下蹲，左腿下铺，腿肚着地，左脚全脚掌着地，脚尖指向南，这是左大仆步。右大仆步和左大仆步左右对称，以下就称大仆步为仆步。

(2) 左中型仆步、右中型仆步

将左侧马步重心再后移，即右腿屈膝下塌便成为左中型仆步。右中型仆步和左中型仆步左右对称，以下也将中型仆步称为半仆步。

4．盘步：盘步有大小和左右之分。

(1) 左小盘步、右小盘步

假定面南小正马步站立，右转体，右脚以脚跟为轴脚尖外摆约180°，左脚以脚尖为轴脚跟外摆约90°，面向西，这是右小盘步。左小盘步和右小盘步左右对称，以下也称小盘步为盘步。

(2) 左大盘步、右大盘步

假定左半仆步站立，左转体，左脚尖外摆，右腿弓膝塌劲，即为左大盘步。右大盘步和左大盘步左右对称。

5．弓步：弓步分左右。假定面南马步站立，左转体，左脚尖外摆约45°，右脚尖略内扣，左膝弓而右腿蹬，即为左弓步。右弓步和左弓步左右对称。

6．独立步：独立步分左右。左脚立地，右脚提起为左独立步；右脚立地，左脚提起为右独立步。例如：一路拳第五十八式左金鸡独立为左独立步，左腿站立，膝部微屈；右腿提膝，大腿与地面平行，小腿垂直地面，脚面平行于地面向前伸展。

（四）步　法

脚步移动

关于脚步的移动，规定了以下的一些说法，这些说法并不是太极拳的统一规定，只是为了方便讲解拳式之用而提出的。

1．收脚：前脚收但仍在前。

2．撤脚：前脚移到后面，变为后脚。

3．退脚：后脚后移，前脚不动。

4．出脚：左脚位置不动，右脚向右迈出为出右脚；右脚位置不动，左脚向左迈出为出左脚。

5. 跟步：后脚向前脚移动但仍在后。

6. 进步：左脚位置不动，脚尖外摆成盘步；右脚移到左脚的前面，为进右步。进左步和进右步左右对称。

7. 滑退步：假定右脚在后，右脚后移，左脚随着收，这为右滑退步。左滑退步和右滑退步左右对称。

8. 滑进步：假定右脚在前，出右脚，左脚跟步，这为右滑进步。左滑进步和右滑进步左右对称。

9. 盖步：左脚不动，右脚提起，右腿顺缠，右脚尖外摆，右脚经左腿前侧进到左脚左前侧，称为右盖步。左盖步和右盖步左右对称。

10. 偷步：左脚不动，右脚提起，右腿顺缠，右脚走外弧线经左腿后侧撤到左脚左后侧，称为右偷步。左偷步和右偷步左右对称。

11. 左转换步：假定左前步站立，左转，退左脚出右脚变为右前步。

12. 右转换步：假定右前步站立，右转，退右脚出左脚变为左前步。

左转换步和右转换步是退中有进的步法，是拳法中使用较多的步法。在以下讲解拳法动作时，将直接引用"左转换步"和"右转换步"而不再详细说明。

在洪师所著《陈式太极拳实用拳法·三字经》中有"步进退，随身转"之句。例如一路拳第十四式十字手第2动，由小正马步出右脚变右半仆步，要求出右脚时左脚尖外摆，左转体，左腿屈膝塌劲，右脚脚跟擦地向右出，到两脚相距约两肩宽时全脚掌着地，重心偏左。向左侧出脚是类似的。例如一路拳第四式单鞭第5动，由左虚步出左脚变左半仆步，要求出左脚时右脚尖外摆，右转体，右腿屈膝塌劲，左脚脚跟擦地向右出，到两脚相距约两肩宽，重心偏右。单鞭向左出左脚的另一种练法是：重心全移到右腿，左脚提起；右腿屈膝下蹲，左脚向左铲出。这样出脚方法，对方在你左侧推按你左臂，你提起左脚，重心不稳，易向右侧倾倒；重心全移到右腿，出左脚时下蹲，右膝关节吃力过重，长此以往易受伤。再如由左前虚步进右步变右侧马步，先左转，左脚尖外摆变左盘步，再继续左转进右步。这样进步既能保持身体中正，有利于稳定，又不至于使身体重心移到单腿上的时间过长，以避免膝关节吃力过大而受伤。

《王论》中讲："进之则愈长，退之则愈促"，也可以说"进步要柔，退步要刚"。洪师所授拳法，几处退步扫带最能体现出"既速而刚"的特点。如一路拳的第十三式金刚捣碓的第4动是用右脚扫带对方左脚，脚跟贴地，迅猛有力。

二人交手时的步法

1. 顺步：甲乙二人交手时，甲出左（右）脚，乙出右（左）脚，其双方成顺步之势。

2. 合步：甲乙二人交手时，甲出右（左）脚，乙也出右（左）脚，其双方呈合步之势。

3. 衬步：二人交手时，若用腿的外侧与对方腿相贴，称为衬步。

4. 套步：二人交手时，若用腿的内侧与对方腿相贴，称为套步。

步法应用

1. 当甲乙双方顺步站立且甲为衬步，以甲左腿衬乙右腿为例，甲左转体，左腿顺缠脚尖外摆，用左腿的掤劲（关于掤的意义下面讲）可迫使乙倾倒。

2. 若乙以左腿衬甲右腿，左转体，左腿顺缠脚尖外摆时，甲则随之右转体，右腿顺缠脚尖外摆，然后收右脚，即用右脚扫带其左脚，可使甲倒地。

3. 当甲乙双方右前步合步站立且互为衬步。若甲右腿逆缠略向左前转掤，可迫使对方倒地。

这种衬步外掤、套步扫带也是洪派拳法的特色，充分体现出腿部缠法的作用。另外，还有一种后向衬步的拳式，例如二路拳第十式径拦直入，是用右腿后侧衬对方右腿后侧，右腿向后崩弹，迫使对方向后倒。再如二路拳第三十五式伏虎的第1和第2劲，是向右后侧出右脚，用右腿后侧衬对方左腿内侧，然后使用后崩弹的着法，使对方向前倾倒。

4. 当甲乙双方顺步站立，乙为套腿形式。例如乙以左腿套甲右腿，甲若右腿顺缠外掤，则乙可以左脚顺缠扫带。若甲左腿塌劲，并未顺缠，这时乙不可用顺缠扫带的方法，可用勾带的脚法，即左腿逆缠，脚尖向内、向上勾起，勾住对方右脚踝，脚跟贴地向右方带，使对方坐地，这是左勾带。右勾带和左勾带左右对称。如果甲乙双方呈合步站立，互为衬步，也可用勾带之脚法。

（五）手法（八法）

"掤、捋、挤、按、采、挒、肘、靠"是独特的太极拳技法，称为八法。

太极拳界一般认为："掤"就是手背向上的劲；"捋"是双手向回、向侧拽的劲；"挤"是用手背向外发劲；"按"是双手自上向下将物体按下去的劲；"采"是向下拉拽的劲；"挒"是双手横拨之劲。

洪老师对八法有独到的见解。洪师论述八法是以缠法为基础，并提出了分力与合力的概念。将双手向相同方向用力称为合力，将双手向相反方向用力称为分力。这里所说的分力、合力不是近代物理学中的分力、合力。为了不至于和近代物理学概念混淆，将双手向相同方向用力称为顺劲，双手向相反方向用力称为逆劲。

1. 掤

有一次我到洪师家中求教，我问洪师"掤"字的含义。洪师做了一个手势，将双手在胸前立起，五对手指肚相抵，手掌根部稍离，呈三角形支撑，并且说："掤字的含义如旧时房子的檩条相互支撑的意思，但用在太极拳，意义引申了。"

掤字有二义。一是指"掤劲"，即通过螺旋运动的顺逆互变持久锻炼，产生的一种劲，就是缠丝劲，也就是内劲。掤劲贯穿于八法之中。二是"掤法"，即用以接对方来手的着法。在具体讲解拳法动作时，使用最多的词就是"掤法"。下面举例说明掤法的意义。若我右臂在胸前，手离胸口约一肩的距离，手心向下。对方双手推我右前臂，我右转体，右手顺缠，手心翻转向上，以肘领手走里弧线收转到右肋部，也就是以下要讲的平旋圈的里半圈。如此可将对方双手引向我右侧并使身体前倾。称此为右手顺缠"引掤"。这里的"引"字就是拳法中"引进落空"之引，加一"掤"字是强调引时不得丢劲，要有粘劲，要走弧线，不能直来直去，不能死拉硬拽。这种掤劲是手部顺缠结合走弧线回收而生成的，是"不丢不顶"的劲。如果没有缠法，回收时不用力便丢，用力便顶。

掤劲、掤法不只是用在手臂上。实际上，在与对方交手时，凡是与对方接触的身体的任何部位都会产生掤劲，都可以使用掤法。

2. 捋

捋法分左右，以左捋为例。假定有甲乙二人，甲在左、乙在右，二人马步站立，呈顺步之势，甲眼看右方，左手拿乙左手手腕，右前臂搭在乙左臂臂弯处；甲左转体，左手顺缠走里左弧线收转到胸口；右臂顺缠，肘走里左下弧线收至肋部。这是甲的马步左捋法。与上述马步左捋法类似，如果甲左转体，左腿弓膝下塌成右仆步，左手拿对方左手腕顺缠走里左上弧线转向左前上斜角，右手顺缠，右肘向左上收至胸口右前侧，右手扬向右前上斜角。这是甲的仆步左捋法。

左捋法双手以顺劲为主，即皆向左用力。左捋的右臂在肘部顺缠收的同时，手部有顺缠外开的动作，使得有逆劲的效果。这也就是顺劲中有逆劲，以顺劲为主。甲左右手臂这种螺旋形运动加在乙左臂上，就如同拧毛巾一样。

3. 挤

挤法多指以手背向外发力，例如一路拳第四式单鞭第 3 动和第 4 动。还有另外两种挤法：一是手心向下，用手掌小指一侧逆缠向外发力，例如一路拳第六十一式左进步挤第 2 动的左手；二是手心向上，用手掌拇指一侧顺缠向外发力，例如一路拳第六十一式左进步挤第 3 动的左手。

4. 按

洪均生老师所讲解的按法，是指用手掌推向对方。按法有双手按和单手按。双手以手掌逆缠推向对方为双按，例如六封四闭最后一动就是双手逆缠向右侧将对方的双手臂封按于其胸部。以单手手掌推向对方为单手按，例如单鞭最后一动是左手单按，即左手顺缠推按对方的胸部。

5. 采

采法有左右、上下之分。以右上采为例，右手拿对方右手腕，右转体，右手逆缠走右前上弧线；右手也可拿对方左手腕内侧，右转体，右手逆缠走右上弧线。右手拿对方右手腕用右上采法时，左手可逆缠走左下弧线挤对方肋部。右手拿对方右手腕用右上采法时，可用左前臂搭在对方右肘部外侧顺缠收肘，这也称为右双上采法。右双上采法的左右手同向右用力，以顺劲为主，但左臂向右收肘时手掌部位顺缠略向左外转，产生逆劲。这也就是"收中有放，放中有收"的拳法，符合"阴中有阳，阳中有阴"的拳理。左上采法和右上采法左右对称。如果右手拿对方右手腕逆缠向右下引，左前臂搭在对方右肘部外侧顺缠收肘，称为右下双采法，简称右下采法。左下采法和右下采法左右对称。

6. 挒

挒法有左右之分。假定乙在甲右前侧，甲左手拿乙之左手腕顺缠向左、向胸口收转，右前臂搭在乙左肘上侧先逆缠后顺缠向右前下转，双手走逆劲，这就是右挒法。右挒法右手顺缠开时，右肘向内收。挒法是以逆劲为主，肘部有顺劲。左挒法和右挒法左右对称。用挒法时，拿对方手腕的手顺缠转向胸口，在转到胸口时手腕略向下、向内扣，外形好似逆缠，实则是加大顺缠，这是洪式拳法的细节。在交手时往往就是这样的细节起关键作用。

捋法、采法（左或右双上采）和挒法的主要区别有两点：一是握对方手腕的手缠法不同，捋法和挒法是顺缠，采法是逆缠；二是挒法双手以逆劲为主，采法和捋法以顺劲为主。

7. 肘

套路中有以顺拦肘和拗拦肘命名拳式，都是发的右肘。向右转体向右发右肘为顺拦肘，向左转体向左发右肘为拗拦肘。另外还有不少拳式包含有肘法，例如一路拳的二起脚式和二路拳的手肘式中都包含右穿心肘击法。

8. 靠

靠法有肩靠、胯靠、臀靠、膝靠等。就肩靠而言，又有肩前侧靠（称为迎门靠）、肩后侧靠、肩外侧靠。相比其他拳种，陈式太极拳使用靠法较多。《陈说》中讲的"我身无处非太极"和"遭著何处何处击"，都与使用靠法有关。

四、基本功练习

就是初学拳的学生也常会有人问:"基本功怎么练?"我反问:"你为什么要练基本功?"学生回答说:"听说'练拳不练功,到老一场空'。"特别是称为内家拳的太极拳,内功是根本,内功也就是内劲,陈式太极拳的内劲就是缠丝劲。

既然陈式太极拳的内劲就是缠丝劲,习拳者就有必要将缠法作为基本功练习。现将人体分为三大部分,即上肢、躯干和下肢。躯干部分的缠法是腰部的左右旋转。无论是上肢还是下肢在做缠法时都要以腰部的左右旋转来带动,也就是说在做上肢和下肢缠法练习时,也必然练了腰部的缠法。

以"云手"作为上肢的缠法基本功练习。洪门弟子将云手俗称为"划圈"。仿照地球围绕太阳转动,将手部的顺逆缠法视为手臂的"自转";手臂向左右、前后、上下移动,则为公转。公转配合自转组成了正旋圈、反旋圈和平旋圈。单手划圈就是单云手,双手配合划圈就是双云手。

(一) 单云手

1. 正旋圈

以右手为例。假定面南马步站立,右转体面向西南,右脚尖略外摆,塌下裆劲成右侧马步。右手贴身顺缠提到胸口,左手掐腰。这是右手划正旋圈的预备姿势 (图 4-1)。从右手划圈预备姿势开始,运行过程为:

①身体右转,右手逆缠走外右上弧线转向右前上斜角。(图 4-2)

②身体微左转,右手顺缠下沉,松肩、沉肘、塌腕。(图 4-3)

③身体微左转,右手顺缠走下左弧线将肘收到肋部,中指扬向右前上斜

角。（图 4-4）

④身体微左转，右手顺缠收转到胸口，手心对胸口。（图 4-5）

图 4-1

图 4-2

图 4-3

图 4-4

图 4-5

①~④动完成正旋立圈一圈。为了以下讲解拳法动作时方便，将右手公转的曲线分为四个小段，图 4-1、图 4-2 为正旋圈第一段，图 4-2、图 4-3 为第二段，图 4-3、图 4-4 为第三段，图 4-4、图 4-5 为第四段。四段组成正旋圈一圈。第一段身体右转，第二、三、四段身体左转。在讲解拳式时，称第一段为正旋上弧线开，第二、三、四段为正旋下弧线收。

左手划正旋圈的预备姿势与右手划正旋圈的预备姿势左右对称，划圈的过程也和右手划正旋圈左右对称。

2. 反旋圈

仍以右手为例。右手划反旋圈的预备姿势和划正旋圈预备姿势相同（图4-6）。将右手公转的曲线也分为四段。其过程如下：

①身体右转，右手逆缠走里右下弧线转到右胯右前方约一前臂的距离。（图4-7）

②身体右转，右手逆缠走右上弧线转到右前斜角，高与眼齐。（图4-8）

③身体左转，右手顺缠，向胸口方向收肘，以肘领手走，肘收到右乳下，右手中指指向右前上斜角。（图4-9）

④身体右转，肘贴身撤到肋部，肘领手走里右下弧线转到胸口，中指指向左前上斜角。（图4-10）

图 4-6

图 4-7

图 4-8

图 4-9

图 4-10

①~④动组成反旋圈一圈。图4-6、图4-7为反旋圈第一段，图4-7、图4-8为反旋圈第二段，图4-8、图4-9为反旋圈第三段，图4-9、图4-10为反旋圈第四段。四段组成反旋圈一圈。在以下讲解拳式时，也称第一段为反旋下弧线开，第三段为反旋上弧线收，并且常提醒曰"收肘不收手"。

左手反旋圈和右手反旋圈左右对称。

3. 平旋圈

上面讲的正旋圈和反旋圈是立圈。正旋圈是上弧线开，下弧线收；反旋圈是下弧线开，上弧线收。拳法中还常用一种平旋圈。以右手为例。从面南马步开始，右转体面向西南，右脚尖略外摆，塌下裆劲成右侧马步。左手掐腰；右手逆缠走上外弧线转向右前斜角，高与胸口齐，手心向下，手指指向左前斜角。这是右手划平旋圈的预备姿势（图4-11）。划圈过程如下：

①右转体，右手顺缠，手心向上，以肘领手走里弧线收到右肋部。（图4-12）

②左转体，右手逆缠，手心向下，以手领肘，手走外弧线转到开始位置。（图4-13）

图4-11

图4-12

图4-13

动作①为平旋里弧线收，动作②为平旋外弧线开。左手平旋圈和右手平旋圈左右对称。

4. 平旋外半圈

上面讲的平旋圈的手法是顺缠里弧线收，逆缠外弧线开。有些拳式手法是顺缠外弧线收，出手仍然是逆缠走外弧线开，这样的手法称为"平旋外半圈"。以右手为例，预备姿势。（图4-14）

①右转体，右手顺缠，手心向上，以肘领手走外弧线收到右肋部。（图4-15）

②左转体，右手逆缠，手心向下，以手领肘，手走外弧线转到开始位置，参见图4-13。

图 4-14 　　　　　　　　　　图 4-15

动作①为平旋外弧线收，动作②为平旋外弧线开。实际上，动作①和动作②手运行的是同一条弧线，左手平旋外半圈和右手平旋外半圈左右对称。

在拳式中，就手臂而言，很多动作都是左右手的正旋圈、反旋圈、平旋圈以及平旋外弧半圈配合而成的。例如金刚捣碓的第2动就是右转体，右手正旋上弧线开，左手反旋上弧线收。从用法讲，正旋上弧线开，可以是上采法，也可以是挤法；正旋下弧线收、反旋上弧线收是收掤法；反旋下弧线开，可以是下采法，也可以是挤法；平旋里弧线收、平旋外弧线收是引掤法；平旋外弧线开是挤法。

上述4种划圈手法都称为单云手。单云手出手要求手领肘，肘领肩；反之，收手时要求肩领肘，肘领手。

单云手手的运行可与呼吸配合。刚开始练习时，要注重手型、手运行的路线以及手的运行和身体转动的配合，呼吸顺其自然。动作熟练之后，可练习手的运行与呼吸的配合，即出手时呼气，收手时吸气。呼吸采用"逆式呼吸法"，也称为"腹式呼吸"，即吸气时收腹，呼气时鼓腹。逆式呼吸是在体力劳动和竞技体育运动中常用的一种呼吸方式，例如抡起大锤打钎，发力向下打时用逆式呼吸。

练云手时，还可加意念。出手或是收手虽是缓缓运行，但在意念中，出手好像用手的小指一侧将一重物挤出似的，是向外发力。收手时，意念为有人在推我的手臂，我以手臂顺缠粘住对方，不丢不顶地向回引。

（二）双云手

将单云手中的左右手正旋圈配合运行构成双云手。双云手的手法是：左手正旋圈上弧线开，同时右手正旋圈下弧线收；左手正旋圈下弧线收，同时右手正旋圈上弧线开。双云手即双手一上一下正旋圈配合运转。以下简称双云手为"云手"。根据不同的步法，我们将云手分为几种类型。

1. 定步云手

预备势：左侧马步站立，双手两侧自然下垂，眼看左前侧。过程为：

①右转，左手顺缠走里上弧线转至胸口，右手逆缠走外上左弧线转至胸前，高齐下颏，离胸口约一前臂。

②左转，左手正旋上弧线开，同时右手正旋下弧线收。

③右转，右手正旋上弧线开，同时左手正旋下弧线收。

重复②和③，反复运行，即为定步左云手。定步右云手和定步左云手左右对称。

2. 滑步云手

预备势：小正马步站立，双手两侧自然下垂，过程为：

①右转，眼看左侧，右脚尖外摆，左脚跟提起，成左前虚步；左手顺缠走里左上弧线转至胸口，右手逆缠走外上左弧线转至胸前，高齐下颏，离胸口约一前臂。

②左转，左滑进步成右后虚步，同时左手正旋上弧线开，右手正旋下弧线收。

③右转，右滑退步成左前虚步，同时右手正旋上弧线开，左手正旋下弧线收。

重复②和③，反复运行，即为左滑步云手。右滑步云手和左滑步云手左右对称。

3. 跟步云手

预备势：左侧马步站立，双手两侧自然下垂，眼看左前侧。过程为：

①右转，左手顺缠走里左上弧线转至胸口，右手逆缠走外上左弧线转至胸前，高齐下颏，离胸口约一前臂。

②左转，跟右脚成右后虚步，同时左手正旋上弧线开，右手正旋下弧线收。

③右转，出左脚成左侧马步，同时右手正旋上弧线开，左手正旋下弧线收。

重复②和③，反复运行，即为右跟步云手。右跟步云手是向左侧运行。左跟步云手和右跟步云手左右对称，是向右侧运行。

4. 偷步云手

将右跟步云手中的右跟步改为右偷步，即为右偷步云手。右偷步云手是向左侧运行。左偷步云手和右偷步云手左右对称，是向右侧运行。

5. 盖步云手

将右跟步云手中的右跟步改为右盖步，即为右盖步云手。右盖步云手是向左侧运行。左盖步云手和右盖步云手左右对称，是向右侧运行。

（三）盘 步

盘步是练习腿部和脚踝部缠丝劲的基本功。预备姿势为马步站立，双手掐腰（图 4-16）。运行过程为：

①左转体，左腿顺缠，左脚尖尽量外摆。（图 4-17）

②右转体，左脚尖尽量内扣成内八字步。（图 4-18）

③右转体，右脚尖尽量外摆。（图 4-19）

图 4-16

图 4-17

图 4-18

图 4-19

④左转体，右脚尖尽量内扣成内八字步。（图4-20）

⑤左转体，左腿顺缠，左脚尖尽量外摆。（图4-21）

⑥右转体，左脚内扣回到开始的步型。（图4-22）

这样循环往复练习可培育腿部的缠丝劲，还可以培育脚踝部的缠丝劲。

图 4-20 　　　　　　　图 4-21 　　　　　　　图 4-22

五、太极文化

武术是以中华文化为理论基础的，太极拳是武术中最为强调文化的拳种之一。20世纪50年代，洪均生老师在公园教拳、练拳，一位易学大师刘子衡先生（20世纪40年代被国共双方上层人士尊称为"布衣大师"）见了很感兴趣，与洪师交谈，要与洪师共同研究太极拳与易学的关系。在本书《附录》中有许盛华先生写的一篇《喜寿太极赞》的诗文。许先生是一位书画家，他为什么对太极拳感兴趣？是因为太极拳和中国书画有着类似的文化内涵。下面将介绍太极哲学、太极文化及太极拳为社会服务等知识。

（一）太极哲学

"太极"一词源于《周易》。《易传·系辞上》有"易有太极，是生两仪，两仪生四象，四象生八卦"之说。从周代至今几千年，人们不断地在研究《易》，由《易》衍生出一些表达易理的图形、符号。例如现在我们所见的阴阳鱼太极图、八卦图等。关于太极拳与这些图形、符号的关系，在陈鑫的著作中有极为详尽的论述。围绕《周易》的研究，历史上出现了"阴阳""刚柔"等概念；出现了"阴阳相济""刚柔相济"等学说。这就构成了太极拳的理论基础。《老子》中提道："天下莫柔弱于水，而攻坚强者莫之能胜，以其无以易之。弱之胜强，柔之胜刚，天下莫不知，莫能行。"老子这种以柔克刚、以弱胜强的思想，是太极拳的最基本的技击理论。

太极拳中还蕴含有丰富的儒学、佛学的思想。陈鑫在其著作中，就道、释、儒三家的理论应用于太极拳都有阐述。例如多次提到中庸，不偏不倚，无过不及；提到要有浩然正气、威而不猛等儒家学说；也涉及佛学中的"色空"的论述。

《陈说》中讲："拳为小道，而太极之大道存焉。"例如，通过练太极拳、太极推手等可深入地体验、领悟阴阳相济的原理；体验、领悟怎样才能"无过无不及"之大道。

（二）太极艺术

20世纪80年代中，洪师著《陈式太极拳品》一文（见附录）。在其序中写道："诗有品，书亦有品，古人尝品之而著为文章，拳可无品乎？因仿司空表圣诗品体例戏成太极拳品。"这里提到的司空表圣，是唐代著名的诗歌理论家，其著作《诗品》有深远的影响。洪师所著《陈式太极拳品》，将太极拳引入了诗的境界。行拳者，浩然正气贯身；如"泉水混混，江河涛涛"；又显稳如泰山，威风凛凛，威而不猛之势；又有飘飘然如入仙境之感。洪师在《拳品》第十三段引用唐代书法家孙过庭所著《书谱》中"同自然之妙，有非力运之能成"之句，恰当地描绘出太极拳自然、安舒、不用拙力的姿态。如果打太极拳果真能达到《陈式太极拳品》的境界，太极拳可与京剧艺术、书法艺术相媲美。

现在有一种流行的社会现象就是炒作、张扬。这与太极拳的外示安逸内固精神相反。有人喜欢张扬，有人喜欢泰然，我这里并没有褒贬之分，只是说太极拳意欲培养人们有浩然正气，要外柔内刚。

（三）服务社会

太极拳是一项体育运动。与其他体育项目相比较，太极拳更有普及价值，它适应各种人群，无论男女老幼、体强体弱者皆可练太极拳。首先讲老年人和体弱者，太极拳现在已成为很普及的体育项目。近些年来，选择练太极拳的中青年人越来越多。很多人认为太极拳只适宜老年人，不适宜青少年，这是对太极拳的误解。太极拳不只是适宜老年人，同样适宜青少年。特别是陈式太极拳，更适宜青少年练习。我的学生大多是青年学生，也有儿童，最小者年仅4岁。

电脑、手机、网络的出现，极大地丰富了人们的生活，但随之也带来了某些社会问题。许多青少年迷恋"上网"，甚至成为"网瘾患者"，这对青少年的身心健康非常不利。还有部分青少年课余时间感觉无聊，无所适从。在这种情况下，如无正确的引导，可能走向邪路。引导青少年参加体育活动，对青少年身心健康非常有益。足球、篮球等是深受人们喜爱的体育项目，但这些体育项目限于场地、器材等条件，难以普及。太极拳是更便于普及的体育活动。又因太极拳蕴蓄着丰富的中华传统文化，如行拳时要求身法中正，要有精气神，要有浩然正气，要威而不猛。这些对太极拳习练者有潜移默化的作用。太极拳还有另一面，它是武术，有防身技击性。只要有好的老师，有良好的传统武德教育，这无疑是促进社会和谐、社会稳定的正能量。

无论是太极哲学还是太极文化，它体现的是我中华民族的民族精神。作为太极拳爱好者，我们有责任将其继承、发扬、光大，使其能为全人类服务。我的一位学生曾经对我说，他到南非和美国，一说是中国人，外国朋友立即就问："你会打太极拳吗？"可谓"墙里开花墙外香"。

六、如何学练陈式太极拳

现在，太极拳已成为广大群众喜爱的运动。欲学太极拳者，首先就要考虑跟谁学的问题。在选定老师之后，又会提出是学老架好，还是学新架好？是练大架好，还是练小架好？一天练多长时间好？下面我们将解析这些问题。

（一）求明师和读名著

求师要求明白老师。如何才能找到明白老师呢？一般地说，名师也多是明师。包装、炒作是现下很流行的社会现象，难免有少数的名师未必是明师。这就应了那句话："找明师难。"难归难，但只要有心，总是能找到的。在明师亲自指导下学习太极拳，略近太极门径之后，再来读书、看影视资料，会更为有效。

在老师的指导下学练太极拳固然重要，但要更深入地学习太极拳，读书也是必需的。洪师拳理、拳法继承于陈发科先生。另一方面，洪师对王宗岳的《太极拳论》和陈鑫的《陈式太极拳图说》有很深入的研究。这一文一书都是太极拳的经典著作。《陈式太极拳图说》自不必说，《太极拳论》成文于清乾隆年间，所论也应当是陈式太极拳，因为那时其他流派的太极拳尚未形成。陈鑫的《陈式太极拳图说》是陈氏第一部论述太极拳的著作。陈鑫文武兼备，在其著作的"自序"中谦虚地写道："……少小侍侧，耳闻目见，熏蒸日久，窃于是艺管窥一斑。虽未通法华三昧，而于是艺仅得枝叶，其中妙理循环亦时觉有趣。……愚者既恐时序迁流，迫不及待，又恐分门别户，失我真传，所以课读余暇，急力显微阐幽，纤悉毕陈。"洪师对陈发科先生所授拳法有所改革，与当前其他地区所练拳架略有区别，所以有人称洪师所授拳法为洪派太极拳或洪式太极拳。一方面洪师所传授的太极拳是继承于陈发科先生；另一方面，洪师其拳理、拳法很多源于陈鑫的《陈式太极拳图说》和王宗岳的《太极拳论》。所以洪传太极拳应是陈式传统太极拳。我辈能遇洪师也是一种缘分。

洪师所著《陈式太极拳实用拳法》是一部太极拳的经典著作。据我所知，研读这本书的人很多。我的学生就有很多人读过或正在读这本书。就这本书，不少读者经常问我一些问题。我认为要读懂这本书，一定要边读、边练、边试。例如套路中第一式"金刚捣碓"第3动，书中要求"右手如推物之状，中指扬向右前上斜角"。初学者百分之八十以上做错，即手掌翻转斜向下，指尖斜下垂。再如讲左弓步时，书中强调"随身左转而扣右脚尖"。这一点也是经常有人做不到。"十字手"第2动向右出步，老师特别强调"脚跟贴地，不要提脚迈进"，不少人先收脚再提脚迈进。如"单鞭"第3动向左出步，不少人也是先收脚并步再出步，这是错误的。再如书中《三字经》提到的"胯里松，裆开圆""步进退，随身转"等要点，往往很多人做不好，类似的问题很多，你必须反复琢磨、反复练习、反复试验，才能读懂、会用。

（二）老架好还是新架好

有人曾问我："我想学到原汁原味的陈式老架太极拳，最好到哪里去，跟谁学？"为什么有人会提出这样的问题？尊古是中华民族的文化传统，尤其对于有几百年历史的太极拳，人们觉得越是古老的越好。有的人所练的太极拳有自己的一些创新，但为了取得人们的信任，也往往宣称自己练的太极拳是早年间某某人传下来的。现在流行的陈式太极拳有新架、老架之分。究竟哪个是老架，哪个是新架，没有严格的规定。有人将陈长兴架视为老架，将陈发科架视为新架。我想，现在很难找到原汁原味的陈长兴架。一百六七十年前的拳架经好几代人传至今日，肯定会有变化。就是近在眼前的洪传陈式太极拳，不止一人对我讲过："你们洪派好些师兄弟打的拳有明显的差异。"更何况年代那么久远，又没有影视资料留下，是不可能原汁原味地保留到今天。当前流行的陈式太极拳，基本上是陈发科先生所传。对照陈鑫的《陈氏太极拳图说》，你就会发现，陈发科先生所传拳架与陈鑫所描绘的拳架有了较大的改变。

洪门弟子所演练的太极拳是1956年定型的，是洪均生老师在陈发科先生所授拳架的基础上改编的。有位曾从陈发科先生学过拳的老前辈见洪师弟子练拳时说："都练错了。"岂不知洪师不是不会、不懂陈发科先生的拳架，正是因为会、懂，才可能在原有的基础上进行改编。

学练陈式太极拳，不管是新架还是老架，都好。只是不要迷信一个人的说法，要验证其拳理拳法是否合乎陈式太极拳的规矩。

还有所谓大架和小架之分。有人说大架好，大架舒展、大气；也有人说小架好，小架紧凑、严密。还有人说应当先练大架再练小架。从拳架上看，陈发科先生拳架较大，洪均生老师拳架相对小一些。实际上大架和小架并非本质上的差别，只是个人根据自己的身材、体型和喜爱选择适合自己的拳架大小而已。

（三）学练太极拳需多长时间

《陈说》中讲："问：得几时？小成则三年，大成则九年。至九年之后，可以观矣！"这里说的"小成""大成""可观"，讲的是技击。早年间，入室学艺，常常是白天帮师傅家干活，晚间学拳，每日约有四五个小时学拳、练拳。用功者每日用的时间可能更多。现在业余学练太极拳者，一般是晨练或晚间练，每日约两小时。由此你可以推算你要达到小成需要几年的时间。另外学练太极拳用的时间和取得的成果还与各人的天赋有关，有些人模仿能力强，悟性好就学得快，功夫长进也快。曾有朋友对我讲：甲拳打得比乙好，可乙的功夫比甲好。这是为什么呢？我用一个公式来表达这个问题。用 W 表示功力，k 是一个取值区间 $[0,1]$ 表示准确度的系数，即表示符合拳理拳法的程度，用 t 表示练拳时间，则有 $W=kt$。这里不考虑个人的先天条件问题。举例说吧，甲拳打得比乙好，譬如甲的准度系数 k 为 0.8，乙的准确度系数为 0.4；甲每天打 1 个小时拳，乙每天打 4 个小时拳。由公式可见乙的功夫要超过甲。

有人会问："学练太极拳需要这么长的时间吗？"以上是讲技击功夫，即要练出太极内劲，要熟练太极招法。如果只是为了健身，就不需那么长的时间了。只是为了健身，对于拳式的准确程度不必要求很高，每日也不必练很长的时间，但是必须学会放松，打拳要舒畅、自然，每日用时不多，但要坚持天天练。

老师所能教学生的只是正确的练拳方法，而功夫只能靠自己练。有人说："我会打太极拳。"这只能说明你掌握了太极拳练功方法，能不能达到健身和练出太极功夫的目的，还需要坚持，需要用功。

　　随着社会进步，太极拳成为世人越来越感兴趣的一项文体活动。在时间上，现代虽然生活、工作节奏加快，但节假日增多了，是绝对有条件的。如果你已培育起太极拳的兴趣，又真想把太极功夫练到身上，你就会觉得节假日练拳是最舒心的事情。

七、洪传太极拳套路概述

洪传陈式太极拳有两个套路，第一路81式，第二路64式。套路中的每个拳式都是由几个动作组成的。本书只对第一路81式套路中每一拳式的每一动作给出较为详细的说明。为了叙述方便，假定面向南起势。当转体角度较大时，写明胸部的朝向，这样容易知道转体的角度。套路中双手的运行最为复杂，包括运行的线路、落势时手指的指向、手心的朝向等。洪师在教拳时，对手型很重视。《实用拳法》讲解拳式动作时，每一动都说明手指的指向、手心的朝向和手的方位。本书在讲解拳式动作时，主要讲手的运行路线，一般不再用文字说明手型，只要看图就可以明了。一般情况下不注明眼看的方向，从图中可以看出眼看何方。当后一动和前一动步型不变时，后一动的步型省略不提。腿的顺逆缠法是随身体的左右旋转而定的。当身向右转时，左腿逆缠右腿顺缠；当身向左转时，左腿顺缠右腿逆缠。所以在说明动作时，一般只讲身体的转向，不讲腿的缠法。假定读者已学会正旋圈和反旋圈的划法，所以在讲解动作时直接使用例如"正旋上弧线开""反旋上弧线收"等术语。

由81式组成的套路中，有些拳式多次重复出现。例如：套路中有7个单鞭势，这7个单鞭势有的完全相同，有的只有部分动作相同。对于同一式名中的相同动作，一般不重复讲解，但为了上下动作之间的连接，对这些相同的动作还是将图示重复给出。

根据"怎么用就怎么练"（洪均生语）和"练拳时无人当有人"（陈鑫语）的指导思想，在讲解拳式时，虚拟一个人（称为对方）在与我交手。

以下所讲述的套路是在洪老师教授的套路基础上做了部分修改，这些修改是经过反复试验后定下来的。在修改时仍完全严格遵守陈式太极拳的规则，即注重缠丝劲的培养，注重缠法的应用。另外还注意到不光是每一拳式各动之间在用法上要连贯，也要使前后拳式之间在用法上尽可能连贯。

为了解清末时陈式太极拳的拳式，我们仔细地研读陈鑫的《陈氏太极拳图说》。将《陈说》中的某些拳式和沈家桢、顾留馨所编著的《陈式太极拳》中陈照奎先生所演练的拳式及《实用拳法》中洪均生老师所演练的拳式做对照，发现随着时间的变化，许多拳式有了明显的改变。不过，应当注意到，无论拳式有怎样的变化，其拳理拳法是不变的，即陈式太极拳的根本是缠法和缠丝劲。

八、洪传太极拳第一路八十一式诠释

（一）第一路八十一式式名

预备势
第一式　金刚捣碓
第二式　懒扎衣
第三式　六封四闭
第四式　单鞭
第五式　金刚捣碓
第六式　白鹤亮翅
第七式　搂膝拗步
第八式　初收
第九式　斜行拗步
第十式　再收
第十一式　前蹚拗步
第十二式　掩手肱捶
第十三式　金刚捣碓
第十四式　十字手
第十五式　庇身捶
第十六式　背折靠
第十七式　下掩手肱捶
第十八式　双推手
第十九式　三换掌
第二十式　双推手
第二十一式　肘底捶
第二十二式　倒卷肱

第二十三式　搂膝拗步
第二十四式　高探马
第二十五式　闪通背
第二十六式　进步掩手肱捶
第二十七式　六封四闭
第二十八式　单鞭
第二十九式　上云手
第三十式　高探马
第三十一式　右弹踢
第三十二式　左弹踢
第三十三式　左蹬脚
第三十四式　高探马
第三十五式　击地捶
第三十六式　二起脚
第三十七式　旋风脚
第三十八式　右蹬脚
第三十九式　掩手肱捶
第四十式　小擒打
第四十一式　抱头推山
第四十二式　三换掌
第四十三式　双推手
第四十四式　单鞭
第四十五式　前招

第四十六式	后招		第六十四式	搂膝拗步
第四十七式	野马分鬃		第六十五式	闪通背
第四十八式	六封四闭		第六十六式	掩手肱捶
第四十九式	单鞭		第六十七式	懒扎衣
第 五 十 式	退步双震脚		第六十八式	单鞭
第五十一式	玉女穿梭		第六十九式	下云手
第五十二式	懒扎衣		第 七 十 式	高探马
第五十三式	六封四闭		第七十一式	十字摆莲脚
第五十四式	单鞭		第七十二式	指裆捶
第五十五式	中云手		第七十三式	猿猴献果
第五十六式	双摆莲		第七十四式	六封四闭
第五十七式	跌岔		第七十五式	单鞭
第五十八式	左金鸡独立		第七十六式	穿地龙
第五十九式	右金鸡独立		第七十七式	上步骑鲸
第 六 十 式	倒卷肱		第七十八式	退步跨虎
第六十一式	左进步挤		第七十九式	转身双摆莲
第六十二式	顺拦肘		第 八 十 式	当门炮
第六十三式	白鹤亮翅		第八十一式	金刚捣碓

（二）第一路八十一式拳式动作说明及图示

预备势：小正马步站立。（图 8-1）

第一式　金刚捣碓

1. 正前掤法。（对方出右脚以右手击我胸部）身体左转。同时，右手顺缠走里左上弧线转至胸口（用手背接掤对方右手腕）；左手逆缠走外上右弧线转至胸前，略高于右手，离胸口约一前臂（以手腕搭在对方右肘部外侧）。（图 8-2）

图 8-1

2. 右双采法。身体右转。右脚以脚跟为轴脚尖外摆，左脚向左前斜角出成左半仆步。同时，右手正旋上弧线开，左手反旋上弧线收。（图8-3）

注：右手正旋上弧线开，右肘不得抬高，右臂要成弧形，前臂和上臂不得夹成三角形，否则会把对方的挤劲引到自己身上。左手反旋上弧线收，肘要贴身向胸口方向收转，不得离开胸部向前出肘，否则就产生顶劲，不能引进落空；左臂收肘不收手，否则手部会丢劲。

3. 左挤右按。（对方右转身用右手挤我，左手腕与我左手腕相掤）左转身成马步。同时，左手逆缠走里左下弧线转向左胸前侧（用左手外侧向左前挤对方左手），右手顺缠走左下弧线收转到右腹前侧（按对方右手）。（图8-4）

注：右手前按时，手指要斜上扬，不得下垂。

4. 左采右按法。左转身成左弓步。同进，左手继续逆缠走左下弧线转向左前下侧（采对方左手），右手逆缠走外左弧线转向左胸前侧（按对方左肩）。（图8-5）

5. 双手抱缠拿法。（对方左手拿我左腕顺缠挤向我胸部）左转身，进右步成右前虚步。同时，左手逆缠收于左肩前侧变顺缠向左下转（反拿对方左腕），肘不离肋，手心向下，中指下垂；右手顺缠走外左弧线转到左手下（双手抱缠对方左腕），手心侧向右后上斜角，中指指向左后上斜角。（图8-6）

图8-2　　　　　图8-3　　　　　图8-4

图8-5　　　　　图8-6

6. 抱缠捌腕。右转身。同时，双手手腕仍交叉，双手顺缠向右转向胸口右侧。（图8-7）

7. 右膝法。（对方被抱缠捌腕转向我右前侧，用右手推按我右手背）左转身，提右膝成左独立步。同时，双手向左转至胸口，右拳逆缠向上（向上引掤对方右手），高齐下颏；左手顺缠向下转至腹部，手心向上。（图8-8）

8. （对方双手向下按我右膝）右脚震落成小正马步，右拳顺缠落于左手心。（图8-9）

图8-7

图8-8

图8-9

第二式　懒扎衣

1. 右引掤及左按法。（对方从我右侧左腿在前套我右腿，双手按我右臂）右转身，眼看右方。左腿屈膝塌劲，收右脚成右虚步，脚尖点地。同时，右手顺缠贴身转向右胯外上侧（引掤对方右手），左手逆缠走外前右弧线转向胸前（按对方右肩）。（图8-10）

2. 左转，出右脚成右侧马步。同时，左手顺缠走里弧线转向胸部右侧变逆缠，右手顺缠走外左小弧线向右胸侧变逆缠。（图8-11）

3. 右双按法。右转身，双手逆缠向右侧转出（按对方胸部）。（图8-12）

4. 右挤法。左转身变右弓步。同时，左手顺缠收至胸口，右手顺缠向右侧开（挤对方胸部），松肩沉肘。（图8-13）

图 8-10　　　　　　　　　　　　图 8-11

图 8-12　　　　　　　　　　　　图 8-13

第三式　六封四闭

1. 右收掤法。（对方在我右侧左腿套我右腿，右手按我右手，左手从我右臂下挤我肋部）左转身变右侧马步。同时，右手正旋下弧线收，左手原处顺缠。（图 8-14）

2. 右挤左按。右手正旋上弧线开（挤对方胸部），左手逆缠向右按在右前臂内侧。（图 8-15）

3. 右收掤法。（对方右手将我右手封按于胸口）右手正旋下弧线收，左手顺缠收至胸口（拿对方左腕）。（图 8-16）

4. 拗拦肘法。（对方左手顺缠上翻）左转身。同时，左手逆缠走左上弧线转向左前上斜角（引对方左手）；右手先顺缠贴身向左上收肘，右手扬向右上斜角变逆缠内扣转向右肩前侧，右肘走外上弧线转向胸右前方，肘尖指向右前斜角

（用肘外侧向上击对方左肘关节）。（图 8-17）

　　5．双手按法。右转身，左脚尖划地收回成右后虚步。同时，双手逆缠走下右弧线转向右前侧（将对方双臂封按于胸部）。（图 8-18）

图 8-14　　　　　　　　　　图 8-15

图 8-16　　　　　图 8-17　　　　　图 8-18

第四式　单鞭

　　1．右引左按。右转身。同时，右手顺缠向胸口方向收转（拿对方右手），中指指向左前下斜角；左手逆缠走右前下弧线转向腹前（按对方右肘关节）。（图 8-19）

　　注：右手收时要肘领手走，肘要贴肋，不得向右上翘起。

2. 左手掤法。（对方左手推我左腕）继续右转身。同时，左手顺缠向前翻转，手心向上；右手顺缠变为勾手转向右肩前侧，手背斜向左前方。（图8-20）

3. 左引右挤法。左转身。同时，左手顺缠收至胸口；右手仍为勾手，逆缠走前左弧线（用手背挤对方肋部）。（图8-21）

4. 右挤法（对方左转化我逆缠挤法）继续左转身。同时，右手顺缠走上右弧线（手背挤对方胸部），左手原处顺缠。（图8-22）

5. （另有人在我左侧右腿套我左腿，双手按我左臂）右转身，眼转看左方。右腿弓膝塌劲，左脚跟贴地向左出成左半仆步（衬对方右腿）。同时，左手原处顺缠，右手原处逆缠。（图8-23）

6. 左肩靠法。左转身，落下左脚尖成左侧马步。（图8-24）

图8-19　　　　图8-20　　　　图8-21

图8-22　　　　图8-23　　　　图8-24

7. 左肘法。左转身。左腿弓膝塌劲变左弓步。同时，左手逆缠，左肘向左侧转出；右手原处逆缠。（图8-25）

8. 左转引掤法（对方按我左肘）。右脚尖内扣，左转身。同时，左肘沉下，左手逆缠走上左弧线向左侧转向左肩窝前侧；右手原处逆缠。（图8-26）

9. 左按法。右转身。同时，左手顺缠向左推出，松肩沉肘；右手仍为勾手，原处顺缠，松肩沉肘。（图8-27）

图8-25

图8-26

图8-27

第五式　金刚捣碓

1. 左引掤法。（对方在我左侧双手按我左臂）左转身。同时，左手由顺缠变逆缠走里下外弧线转向左胯外前侧（引掤对方左手），右手顺缠走外左弧线转向左胸前方（按对方左肩）。（图8-28）

2. 左收掤法。（对方进右步按我左肘部）右转身变左侧马步。同时，左手反旋上弧线收，右手正旋上弧线开。（图8-29）

3. 双手抱缠拿法。左转身，左脚尖外摆，进右步成右前虚步，胸向东。同时，左手由逆缠变顺缠转向左胸侧，手指下扣，手心向下（拿对方左手手腕），肘不离肋；右手顺缠走外左弧线转向胸前左侧左手下方，手心向上，两手腕交叉。（图8-30、图8-30附图）

4. 抱缠捌拿。右转身。同时，双手腕仍交叉，顺缠走外右弧线转至右胸前（双抱缠捌拿对方左手腕）。（图8-31）

5. 右膝法。（为解脱捯拿，对方转向我右前方用右手按我右手背）左转身，提右膝（击裆）成左独立步。同时，左手握拳，手腕内扣；右手逆缠，手掌贴左手背内扣，双手手心向下。（图8-32）

6. 右脚震落成小正马步，双手逆缠下转至腹前，手心向下。（图8-33、图8-33附图）

图8-28

图8-29

图8-30

图8-30附图

图8-31

图8-32

图8-33

图8-33附图

第六式　白鹤亮翅

1. 正面掤法。（对方在我前方双手按我双臂）右转身，退右脚成左前虚步。同时，右手逆缠走里下右弧线转向右胯外侧变顺缠走外上左弧线转向右前上斜角，左手逆缠走里下左弧线转向左胯外侧变顺缠走外上右弧线转向左前上斜角（与对方左前虚步合步正面相掤）。（图8-34）

2. 左迎门靠法。出左脚成左侧马步。同时，左手逆缠走里下后弧线转至左胯外侧（向左后引掤对方右臂，左肩前侧靠对方胸部），右手逆缠走里右上弧线转向右前上斜角（向右前引掤对方左臂）。（图8-35）

图 8-34　　　　　　　图 8-35

第七式　搂膝拗步

1. （接上势，对方左腿在前与我呈左侧马步合步站立）右转身变马步。同时，右手顺缠走左下弧线转至小腹前（搂对方左腿弯后侧），左手逆缠走外上右弧线转向胸前方（按对方右肩）。（图8-36）

2. （对方以右腿衬我左腿）左转身变左弓步（左肩靠）。同时，左手顺缠走外左下弧线转向左膝外侧（向左搂对方右膝内侧），右手逆缠走外上左弧线转向胸前左侧（按对方左肩）。（图8-37）

3. 左转身，左脚收成左盘步（扫带对方右腿）。同时，左手顺缠走里上左弧

线转向左胯上侧（向右搂对方右腿外侧），右手顺缠走左下弧线转向腹前左侧（按对方左肩）。（图 8-38）

图 8-36　　　　图 8-37　　　　图 8-38

第八式　初收

1.（对方在我右前方双手按我右臂）右转身变左前虚步，胸向东南。同时，右手在右胸前由顺缠变逆缠反旋（逆时针）转一圈至右胸前侧再走下弧线转向胸口，手心向下（从对方左臂上侧拿其左前臂）；左手顺缠转至右前上斜角，手心向上（插到对方左臂下方）。（图 8-39）

2. 左转，左脚尖划地走里弧线向左后收转，脚尖点地。同时，左手顺缠走左里下弧线转向左肋左前侧（搂对方左臂），右手顺缠向左下转至小腹左侧（拿对方右手腕向左下拧转）。（图 8-40）

图 8-39 　　　　图 8-40

第九式　斜行拗步

1. 左挤右按。右转身，出左脚成左侧马步。同时，左手逆缠向左侧转出（挤对方左肋部），右手逆缠向左下转出（按对方左胯部）。（图8-41）

2. 左引掤法。（对方在我左侧按我左臂）左转身换步成右侧马步，胸向东北。同时，左手逆缠走里弧线转向左胯前侧（左后引对方左手），右手逆缠走里右弧线转至右胯前侧变顺缠走外前左弧线转至胸前（按对方左肩）。（图8-42）

3. 左膝法。右转身，提左膝（击对方胸部）成右独立步。同时，左手逆缠向左后下转（引对方左手），右手顺缠向左转（按对方左肩）。（图8-43）

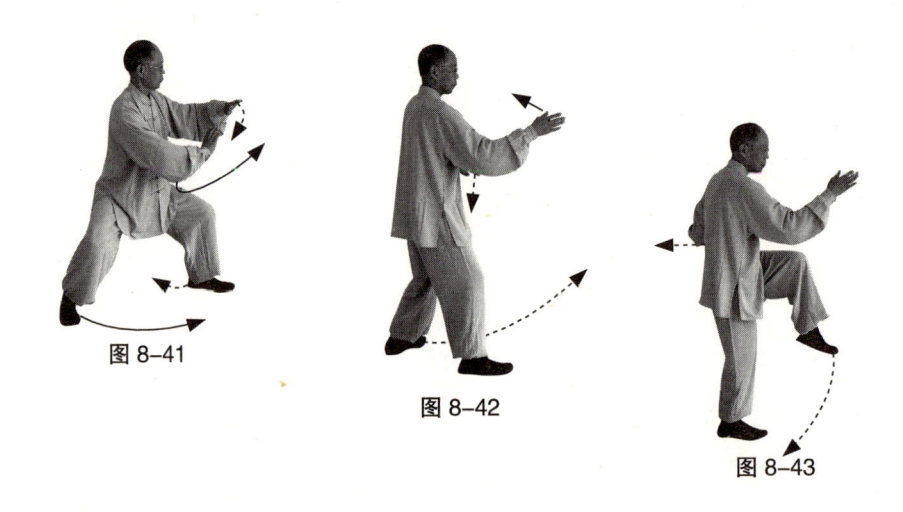

图8-41　　图8-42　　图8-43

4. 右转，左盖步成左盘步（拗步）。同时，左手逆缠略向后转，右手原处顺缠。（图8-44）

5. 左转，右脚走外左弧线成马步，胸向北。同时，左手在左侧逆时针转一立圈，即先逆缠走右弧线转至腹前走外上左弧线转至左前上斜角（上掤对方左臂）再变顺缠走左下弧线转到左膝右上方（击对方后颈部）；右手逆缠走里右下弧线转向右胯外侧变顺缠走外上弧线转向右前上斜角再走下左弧线转至右膝左上方（下击对方后腰部）。（图8-45、图8-45附图）

图 8-44

图 8-45

图 8-45 附图

第十式　再收

1.（对方在我右前方双手按我右臂）右转身换步成左前虚步，胸向东南。同时，手部运行和第八式初收第 1 动相同。（图 8-46）

2. 和第八式初收第 2 动相同。（图 8-47）

图 8-46

图 8-47

45

第十一式　前蹚拗步

1. 右挤法。左转身，进右步成右侧马步，胸向东北。同时，右手逆缠向右侧转出（挤对方左肋），左手顺缠收转至胸口。（图 8-48、图 8-48 附图）

2. 右引掤法。（对方在我右侧按我右手）右转身换步成左侧马步，胸向东南。同时，右手顺缠走里弧线转至右胯上侧变逆缠向右上转（引掤对方右手）；左手逆缠走里左弧线转向左胯前侧变顺缠走外前右弧线转向左胸前侧。（图 8-49）

图 8-48

图 8-48 附图

图 8-49

3. 右膝法。左转身，提右膝成左独立步（击对方胸部）。同时，右手逆缠向右下转（引对方右手），左手顺缠向右转（按对方右肩）。（图 8-50）

4. 左转身，右盖步成右盘步（拗步）。同时，左手原处顺缠，右手原处逆缠。（图 8-51）

5. 右转身，左脚走外右弧线进左步成马步，胸向南。同时，右手在右侧顺时针转一立圈，即先逆缠走左弧线转至腹前走外上右弧线转至右前上斜角（上掤对方右臂）再变顺缠走右下弧线转到右膝左上方（击对方后颈部），左手逆缠走里下左弧线转向左胯前侧变顺缠走外上弧线转向左前上斜角再走右下弧线转至左膝右上方（下击对方后腰部）。（图 8-52）

图 8-50

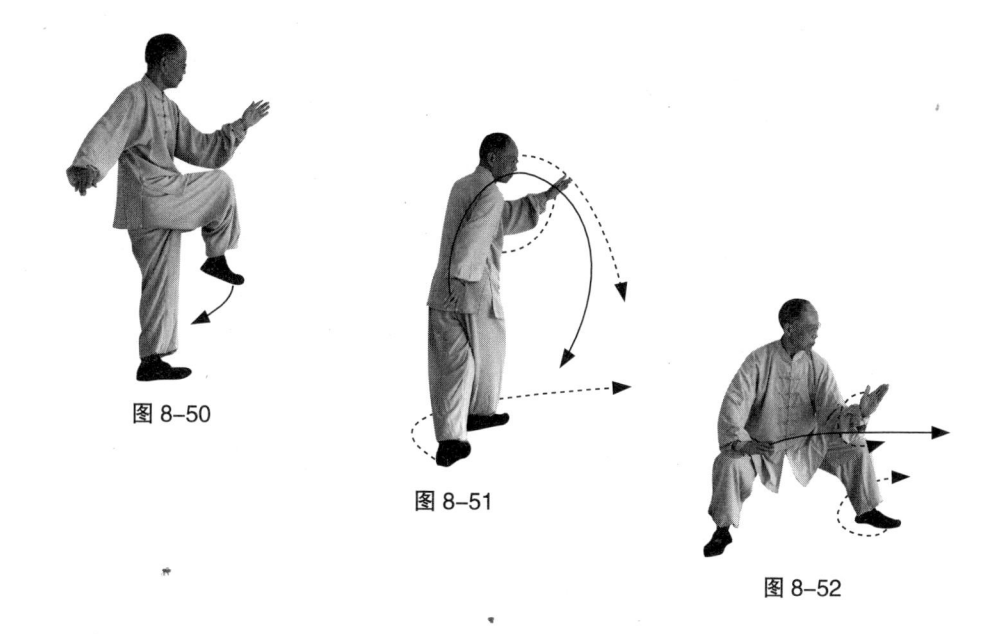

图 8-51

图 8-52

第十二式　掩手肱捶

左引右击。左转身，左脚走里左弧线变左弓步，胸向东南。同时，左手顺缠走里左弧线收至腹部左侧（引对方左手转拿对方左腕），右拳先顺缠握拳收至右肋再变逆缠向左前击出（击对方左肋）。（图 8-53）

图 8-53

第十三式　金刚捣碓

1. 右侧收掤法。（对方在我右前左腿衬我右腿，双手按我右臂）左转身，眼转看右方。同时，右拳顺缠略向右前转，向左收肘；左手顺缠走里右弧线转向右肘弯处。（图8-54）

　　注：左转体时眼一定要向右侧看。

2. 右引掤法。（对方左转将我右臂封按与胸部）右转身，左脚尖内扣成内八字步。同时，右手由顺缠变逆缠走里右弧线收转到胸口上方；左手逆缠收，仍合于右肘弯处。（图8-55）

3. 右采法。右转身。同时，右手正旋上弧线开（采对方右腕），左手顺缠转向胸前（托对方右肘）。（图8-56）

图 8-54

图 8-55

图 8-56

4. 左转，右脚顺缠收扫成右前虚步（扫带对方左腿），胸向南。同时，右手正旋下弧线收（拿对方右手腕拧转），左手逆缠走外右弧线向胸口右上方收转（按对方右肘）。（图 8-57）

注：右脚收时脚跟不要提起，要迅猛有力。

5. 右转身，左脚尖内扣。同时，双手左逆右顺合于胸前，手腕交叉。（图 8-58）

6. 与第一式金刚捣碓第 7 动相同。（图 8-59）

7. 与第一式金刚捣碓第 8 动相同。（图 8-60）

图 8-57 　　　　　　　　　图 8-58

图 8-59 　　　　　　　　　图 8-60

第十四式　十字手

1. 右下开掤法。（对方在我右侧双手按我右前臂，右手握我右腕）右转身。同时，双手反旋下弧线开（右手小指一侧卡住对方右腕向右后下拨转）。（图8-61）

2. 右收掤兼右肩侧靠法。（对方出左脚左手按我右肘）左转身，出右脚成马步。同时，双手走反旋圈合于胸前（右肩靠对方胸部），手腕交叉，右手在里侧。（图8-62）

图 8-61

图 8-62

第十五式　庇身捶

1. 右前掤法。（对方在我右前侧按我右臂）左转身。同时，右掌变拳顺缠向右前转，左掌变拳反旋下弧线开。（图8-63）

注：此动用法也可是（对方在我右后推我右肩）右后掤法。

2. 右下采法。右转身。同时，右拳反旋下弧线开，左拳走反旋圈第二、三段。（图8-64）

注：此动用法也可是（对方在我右后侧）右肘法。

图 8-63    图 8-64

第十六式　背折靠

1. 左下采法。（接上势，对方在我右前侧左手按我左腕）左转身变左弓步。同时，右拳走反旋圈的第二、三段，左手逆缠走里左下弧线转到左肋处掐腰。（图 8-65）

注：此动也可以是（对方在我右后方推我右臂）右后捌法。

2. （对方进左步左肩后侧靠法）右转身变右弓步。同时，右拳逆缠走里下右弧线转至胸口右前侧时转而走右上弧线转至右太阳穴右后侧（右手向右后拨转对方左肩窝）；左臂逆缠，肘尖朝向左前下斜角。（图 8-66）

注：此动也可是右肩后靠法及右肘法。

图 8-65    图 8-66

第十七式　下掩手肱捶

1. 右侧引掤法。（对方在右侧按我右上臂）左转身，左脚跟内旋成外八字马步。同时，右拳反旋上弧线收。（图 8-67）

2. 右引左击。（对方转向我右前侧按我右臂）右转身，左脚尖内扣成右侧马步。同时，右拳走反旋圈第四段收于胸口（下引对方按我之双手），左拳顺缠走里右上弧线转向右前上斜角（击对方面部）。（图 8-68）

3. 左引右下击。（对方用左手按我左拳）左转身。同时，左手顺缠走里左下弧线收于胸口（引对方左手），右拳逆缠走里右下弧线向右侧击出（横击对方小腹）。（图 8-69）

图 8-67　　　　图 8-68　　　　图 8-69

第十八式　双推手

1. 右收掤法。（对方推我右手）左转身。同时，右手顺缠走左上弧线收转至胸口（抱缠对方左臂），左手原处逆缠（拿对方左腕）。（图 8-70）

2. 右挎篮式拿法。左转身。同时，左手逆缠向下转（拿对方右手腕内侧使其肘关节翻转向下）；右手顺缠转向右肩上侧，肘向胸口前上方收转（用右臂内侧上托对方左肘部）。（图 8-71）

3. 右侧双按法。右转身，跟左步成左后虚步。同时，双手逆缠转向右前侧。（图 8-72）

图 8-70 　　　　　　　图 8-71 　　　　　　　图 8-72

第十九式　三换掌

1. 右转折指。（对方双手按我右臂）右转身。同时，右手顺缠走右外上弧线转向右前上斜角，收肘扬前臂；左手顺缠走外右下弧线转到右前臂外下侧（按在对方左手背处）。（图8-73）

2. 左转折指。左转身。同时，右手顺缠转向胸口，右肘走外左弧线（用左前臂外侧及左手合折对方左手手指），右肘贴肋（夹对方左手）。（图8-74）

注：第1、2动用法也可是折对方右手指。

图 8-73 　　　　　　　图 8-74

53

3. 左挤法。右转身。同时，右手原处顺缠，肘贴肋；左手逆缠从右手上侧转向右前上斜角（挤对方颈部）。（图8-75）

4. 左引右挤。（对方用右手按我左腕）左转身变马步。同时，左手顺缠收至胸口（引对方右手），右手逆缠向右侧开出（挤对方左肋）。（图8-76）

图 8-75 　　　　　　图 8-76

第二十式　双推手

1. （对方在我左侧按我左臂）左转身换步成右前虚步，胸向东。同时，左手在左侧反旋（顺时针）转一圈至胸口左侧，手心向下（拿对方右手腕内侧）；右手顺缠走里左弧线转向胸前（插到对方左臂下方）变逆缠向胸口收转（抱缠对方左臂）。（图8-77、图8-77附图）

图 8-77 　　　　　　图 8-77附图

2. 右挎篮式拿法。左转身，右脚跟提起。同时，左手逆缠向下转（拿对方左手腕内侧使其肘关节翻转向下）；右手顺缠转向右肩上侧，肘部向胸口前上方收转（用右臂内侧上托对方左肘部）。（图 8-78、图 8-78 附图）

3. 右侧双按法。右转身，右滑进步成左后虚步。同时，双手逆缠转向右前侧。（图 8-79）

图 8-78　　　　图 8-78 附图　　　　图 8-79

第二十一式　肘底捶

1. 右引掤法。（对方双手按我右臂）右转身换步成左前虚步。同时，右手顺缠走里右下弧线收转至右肋部，握拳；左手顺缠走里前上弧线转向左前上斜角（上托对方右臂），高与口齐。（图 8-80）

2. 左转身，进左步成左侧马步（套对方右腿）。同时，左手顺缠略上转（继续上托对方右臂）；右拳逆缠向左前击出（击对方右肋部），拳眼向上。（图 8-81）

图 8-80　　　　图 8-81

第二十二式　倒卷肱

1. 右捯法。（对方进左步以左腿衬我右腿，双手按我左臂）左转身，左脚走里弧线后撤，右脚尖内扣变右侧马步，胸向东北。同时，左手顺缠走里下后弧线收转到胸口，手指下扣（拿对方左手腕）；右手由逆缠变顺缠从左手上方向前下开，下塌外碾。（图8-82、图8-82附图）

2. 右挤兼右扫带。左转身，右腿顺缠收右脚变右前虚步（扫带对方左腿）。同时，右手逆缠前开（右挤），左手原处顺缠。（图8-83、图8-83附图）

注：右脚收时，脚跟不要离地。

图8-82 　　　　　　　　图8-82附图

图8-83 　　　　　　　　图8-83附图

3. 右开掤法。（对方按我右手）左转身。同时，右手顺缠略前开，左手顺缠左后开。（图 8-84）

4. 右双采法。（对方进右步衬我左腿，推我右臂）右转身，右脚走里后弧线后撤，左腿逆缠，左脚尖划地走里右弧线成左虚步，脚尖点地，胸向西南。同时，右手顺缠走里右弧线收于胸口变逆缠走里右上弧线转向右前斜角（拿对方右手），左手逆缠走上右弧线转向左肩前侧再变顺缠向右收肘。（图 8-85）

5. 左开掤法。（对方按我左手）右转身。同时，左手顺缠略前开；右手由顺缠变逆缠走外后弧线向右腮旁，手心朝向左前斜角。（图 8-86）

6. 左捋法。（对方进左步衬我右腿，左手按我左腕）左转身，左脚走里弧线后撤成马步，胸向东北。同时，左手顺缠走里左弧线收转到胸口（拿对方左手腕）；右手逆缠向左下转向胸前（右前臂搭在对方左臂上方）变顺缠向左收肘，右手指扬向右前上斜角。（图 8-87、图 8-87 附图）

图 8-84

图 8-85

图 8-86

图 8-87

图 8-87 附图

第二十三式　搂膝拗步

1. 右下采法。（对方推我右臂）右转身，右脚走里弧线后撤成左半仆步，胸向东南。同时，右手顺缠走里弧线转向腹前侧变逆缠走右下弧线转向右膝左上侧（采对方右手腕），左手反旋上弧线收。（图8-88）

2. 左肩靠及左挤法。左转身变左弓步（左肩靠）。同时，左手逆缠走左下外弧线转向左膝外侧（向左搂对方右膝内侧），右手逆缠走外上左弧线转向左前斜角（按对方左肩）。（图8-89）

3. 左转身，左脚收成左盘步（扫带对方右腿）。同时，左手顺缠走外上右弧线转向左胯上侧（向右搂对方右腿外侧），右手顺缠向左下按（按对方左肩）。（图8-90）

图8-88

图8-89

图8-90

第二十四式　高探马

1. （对方在我右前方按我右臂）右转身变左前虚步，胸向东南。同时，右手在右前侧反旋（逆时针）转一圈至右胸侧，手心向下（从对方左臂上侧拿其左前臂）；左手顺缠走里右上弧线转至右前上斜角，手心向上（插到对方左臂下方）。（图8-91）

2. 左转身，左脚尖划地后撤成左后虚步，脚尖点地。同时，左手顺缠走里左下弧线转至左肋侧（搂对方左上臂），右手顺缠转至小腹左侧（拿对方左手腕向左下拧转）。（图8-92）

3. 左转身，进右步成右侧马步（套对方左腿），胸向东。同时，右手逆缠走里右弧线转向右胯外侧变顺缠走外前左弧线转向胸前，左手逆缠转向左肩前侧。（图8-93）

4. 右转身。同时，右手顺缠收转至腹前（搂对方后腰部），左手逆缠转向胸前（按对方颈部）。（图8-94）

图8-91

图8-92

图8-93

图8-94

第二十五式　闪通背

1. 左引掤法。（接上势，对方转向我左侧双手推我左臂）右转身。同时，左手顺缠走外右弧线转向右肩前侧，手心向上；右手逆缠转向左臂外侧（拿对方左手腕内侧）。（图8-95）

2. 右转，进左步成左前虚步，胸向东南。同时，右手正旋上弧线开（采对方左手腕内侧），左手顺缠从右手下方转向胸前方（插到对方左臂下方）。（图8-96）

3. 左内侧十字折臂拿法。左转成左盘步，胸向东。同时，左手顺缠向下、向内扣转（左手小指一侧扣压对方左前臂），右手顺缠走外上左弧线转向左臂外侧，双臂胸前交叉，右手在外。（图8-97）

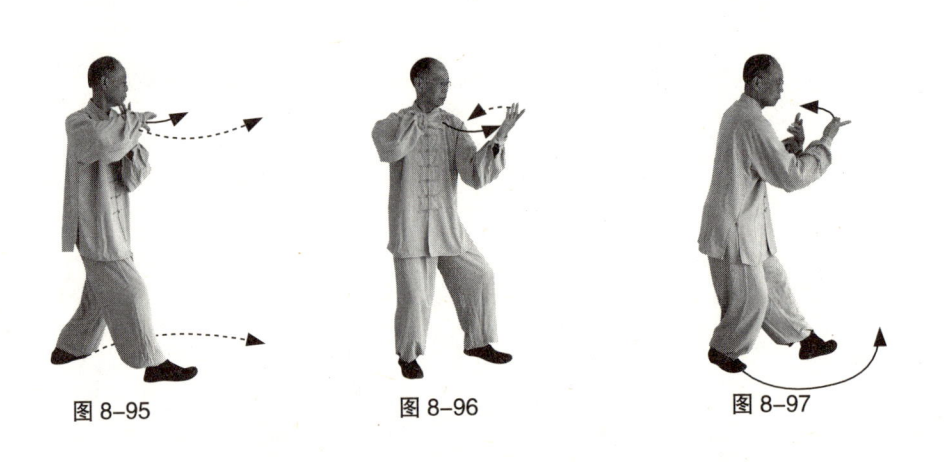

图8-95　　　　图8-96　　　　图8-97

4. （对方转向我左后侧，右手推我背部）左转身，右脚走外弧线成内八字小马步，胸向东北。同时，双手继续顺缠向胸口收转。（图8-98、图8-98附图）

5. 右转身，向左出左脚成马步（衬对方左腿外侧）。（图8-99、图8-99附图）

6. 左侧背摔法。右转身。同时，左手逆转至腹前，左肩向右下倾斜；右手顺缠走右下弧线转向右胯前侧。（图8-100、图8-100附图）

八、洪传太极拳第一路八十一式诠释

图 8-98 　　　　　　　　图 8-98 附图

图 8-99 　　　　　　　　图 8-99 附图

图 8-100 　　　　　　　图 8-100 附图

第二十六式　进步掩手肱捶

1．左引右击。（对方在我左侧按我左臂）左转身，收左脚成左盘步，胸向西。同时，左手顺缠走外上左弧线收于左肋部（引对方左手），右拳逆缠前击（击对方左肋）。（图8-101）

2．右引左击兼右膝法。（对方按我右拳）右转身，提右膝成左独立步。同时，右拳顺缠收至右肋，左手顺缠走外前右弧线转向胸前上斜角（击对方面部右侧）。（图8-102）

图 8-101

图 8-102

3．左引右击。（对方右手向外搂我左掌）左转身，右滑进步成右侧马步。同时，左手顺缠收到胸口，右拳逆缠向右侧击发。（图8-103）

4．右收掤兼左踹法。（对方按我右臂）左转身。提左膝成右独立步，左腿顺缠，左脚尖外摆，左脚向右前摆。同时，右手反旋上弧线收，左手反旋下弧线开。（图8-104）

注：此动用法也可是左手采法配合左脚踹法。

八、洪传太极拳第一路八十一式诠释

图 8-103

图 8-104

5. 右转身，先左盖步，接着提右膝成左独立步。同时，左手顺缠走外右前弧线转向胸前上斜角（击对方颈部），右手顺缠握拳收于右肋部。（图 8-105）

6. 左转身，右滑进步成右侧马步。同时，左手顺缠收到胸口，右拳逆缠向右侧击发。（图 8-106）

图 8-105

图 8-106

第二十七式　六封四闭

此式与第三式六封四闭相同。（图 8-107—图 8-111）

图 8-107

图 8-108

图 8-109

图 8-110

图 8-111

第二十八式　单鞭

此式与第四式单鞭相同，共分解为9个动作，这里省略了第6、8两动的图示，可参见图8-24—图8-26。（图8-112—图8-118）

图 8-112

图 8-113

图 8-114

图 8-115

图 8-116

图 8-117

图 8-118

第二十九式 上云手

1. 左引掤法。（对方在我左前侧双手按我左臂）左转身，收左脚成左盘步，胸向东。同时，左手顺缠收至左肋部，手心向上（引对方左手）；右手逆缠走外左弧线转向胸前方（按对方左肩）。（图8-119）

2. 左转身，进右步成右侧马步（右腿套对方左腿）。同时，左手先逆缠走里下弧线转至左胯外侧变顺缠走外弧线转向胸部左前侧（引掤对方左手），右手顺缠略向前转。（图8-120）

3. 右转身。同时，左手逆缠走前右弧线转向胸前（按对方颈部），右手顺缠向腹部收转（搂对方后腰）。（图8-121）

4. 左引掤法。（对方转向我左侧，双手按我左臂）右转身。同时，左手逆缠走外右上弧线转至右肩前侧（引掤对方左手）变顺缠（拿对方左腕）走里左下弧线转至胸口左前侧，（对方左肘击向我面部）右手顺缠走外右上弧线转至右肩前方变逆缠转向右腮旁（引掤对方左肘）。（图8-122）

图8-119

图8-120

图8-121

图8-122

5．右挒法。左转身。同时，左手顺缠收至胸口（拿对方左腕），右手由逆缠变顺缠走前左下弧线，下塌外碾（挒对方左臂）。（图8-123）

6．右引掤法。（对方推我右腕）右转身成右盘步。同时，右手逆缠走上左弧线收转至胸口上方（引对方右手）；左手顺缠转向胸前方，手心向上（托对方右肘）。（图8-124）

7．左挤右按法。左转身，进左步成左侧马步。同时，左手逆转向左前侧，右手顺缠转向左前侧。（图8-125）

图 8-123 　　　图 8-124 　　　图 8-125

第三十式　高探马

1．双抱缠拿法。（对方左手拿我左腕）左转身，右脚向右前迈出半步变左侧马步。同时，左手顺缠转向胸左侧（反拿对方左腕），右手顺缠向左转至左手腕下方（抱缠对方左手腕）。（图8-126、图8-126附图）

图 8-126 　　　图 8-126 附图

67

2. 抱缠捌腕。右转身变右侧马步。同时，双手仍交叉顺缠向右转至右胸前侧（双抱缠捌拿对方左手腕）。（图 8-127）

3. 右引掤法。（对方右手推我右手背）右转身。同时，右手逆缠变勾手略向右上转（引掤对方右手），左手逆缠从右手下方略向右转（拿对方右前臂）。（图 8-128）

4. 左转身，右脚向左前迈出半步成马步。同时，左手顺缠转向左胯前上侧（拿对方右前臂外翻），右手顺缠走外左下弧线转向胸前（右臂转向对方右臂外侧）。（图 8-129）

5. 右转身，进左步成左侧马步（套对方右腿）。同时，左手逆缠走外前右弧线转向胸前变顺缠（手心贴在对方后腰部），右手顺缠走里右下弧线转至腹前变逆缠走上弧线转向右肩前侧。（图 8-130）

6. 左转身。同时，左手顺缠向腹部收转（向内搂对方后腰），右手逆缠向左前转（推对方颈部）。（图 8-131）

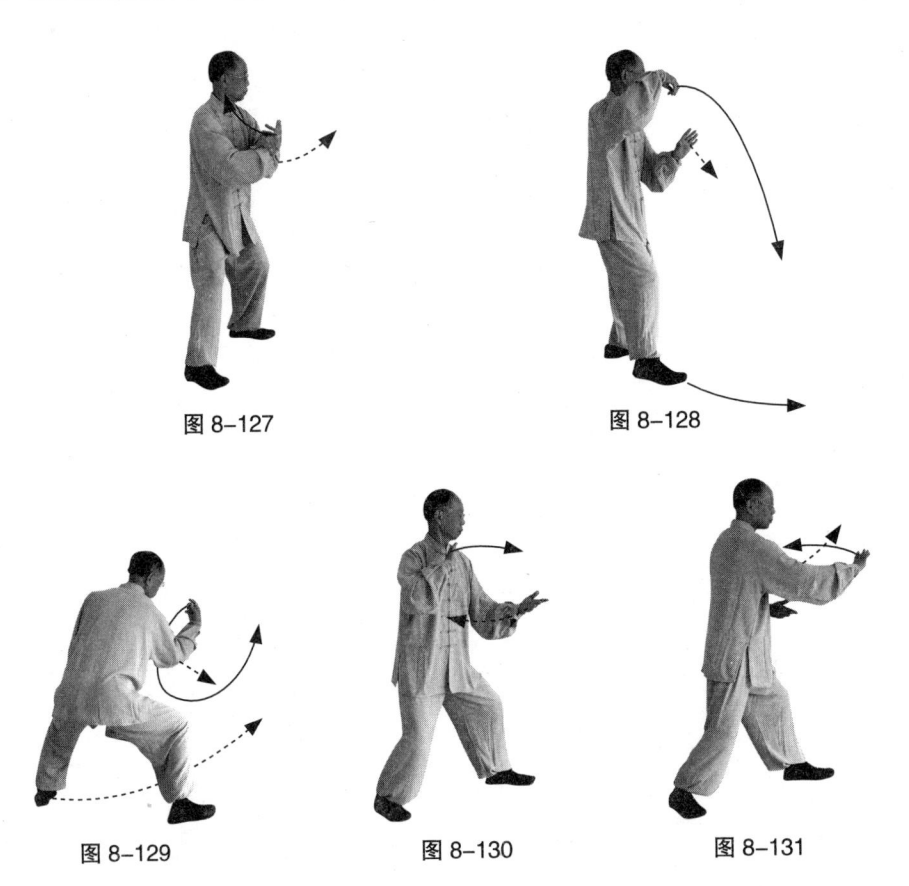

图 8-127　　　　图 8-128

图 8-129　　　　图 8-130　　　　图 8-131

第三十一式　右弹踢

1. 右引掤法。（接上势，对方转向我右侧双手按我右臂）左转身变左盘步。同时，右手顺缠走外左弧线收于左肩前侧，左手逆缠转向右前臂外侧（拿对方右腕内侧）。（图 8-132）

2. 左采右踢。左转身。同时，左手正旋上弧线开（采对方右手腕内侧），右手顺缠走上右弧线转向右前上斜角变逆缠（封对方面部），随即右脚向右前弹踢。（图 8-133）

3. （对方搬我右腿）仍左独立步，屈右膝（回带对方双手）。同时，双手顺缠走外弧线收于胸口两侧。（图 8-134）

4. 双手按法。左转身，右滑进步成右侧小马步，胸向东南。同时，双手逆缠转向前下按。（图 8-135）

图 8-132 　　　　　图 8-133

图 8-134 　　　　　图 8-135

第三十二式　左弹踢

1. 右收掤法。（对方在我右前侧按我右臂）右转身，收右脚成右虚步，脚尖点地。同时，右手顺缠走里弧线收至胸口（引对方右手），左手顺缠收于右腕上侧。（图8-136）

2. 右后双采法（又称顺手牵羊法）。右后转体，右脚走外弧线撤成右侧马步，胸向西北。同时，右手逆缠走外右后弧线转向右胯前侧（向右后采对方右手腕），左手先逆缠转向胸右前再变顺缠（拿对方右臂外侧）走外右弧线转向胸前。（图8-137）

图8-136

图8-137

3. 左引掤法。（对方转向我左前侧双手按我左臂）右转身变右盘步。同时，左手顺缠走外右弧线收于右肩前侧，右手逆缠转向左前臂外侧（拿对方左腕内侧）。（图8-138）

4. 右采左踢。右转身。同时，右手正旋上弧线开（采对方左手腕内侧），左手顺缠走左上弧线转向左前上斜角变逆缠（封对方面部），随即左脚向左前弹踢。（图8-139）

图 8-138

图 8-139

5.（对方搬我左腿）仍右独立步，屈左膝（回带对方双手）。同时，双手顺缠走外弧线收于胸口两侧。（图 8-140）

6. 双手按法。右转身，左滑进步成左侧小马步。同时，双手逆缠转向左前方。（图 8-141）

图 8-140

图 8-141

第三十三式　左蹬脚

1. 左背侧靠法。（对方在我左侧推我左臂）右转身，左滑进步成左侧马步。同时，左手顺缠走里右前弧线转向胸前，右手正旋上弧线开。（图8-142）
2. 左挤法。左转身。同时，双手顺缠外后开。（图8-143）

图8-142

图8-143

3. 左收掤法。（对方按我左臂）右转身，收左脚成左侧小马步。同时，左手握拳逆缠走外右下里弧线收转向脐部，右手握拳逆缠走外左下弧线转向脐部。（图8-144、图8-144附图）
4. 左转提掤法。左转身成左前虚步。同时，双拳逆缠贴身上提至胸部。（图8-145）

八、洪传太极拳第一路八十一式诠释

图 8-144 　　　　　图 8-144 附图 　　　　　图 8-145

5. 左开掤法。右转身，提左膝变右独立步，胸向西。同时，左拳顺缠走外左下弧线转至左膝外侧，右拳顺缠走外右上弧线转向右前上斜角。（图 8-146）

6. 左脚蹬。仍右独立步，略右转身，左脚左下蹬。同时，双拳原处顺缠。（图 8-147）

注：左蹬脚时身体不得向右倾斜。

图 8-146 　　　　　　　　　　图 8-147

73

第三十四式　高探马

1. 左引掤法。（对方用左手拿我左手腕向我左后拧转）左转身，落左脚成左后虚步，脚尖点地。同时，左手逆缠走里下弧线转到左胯外侧，右手原处逆缠。（图 8-148）

2. 左转身，进右步成右侧马步（套对方左腿）。同时，左手顺缠走外前弧线转向左胸前侧（引掤对方左手），右手顺缠向前转向右前侧（转向对方后背）。（图 8-149）

3. 右转身，胸向西。同时，左手逆缠走前右弧线转向胸前（按对方颈部），右手顺缠向腹部方向收转（搂对方后腰，使对方后仰倒地）。（图 8-150）

图 8-148　　　图 8-149　　　图 8-150

第三十五式　击地捶

1. （上势已使对方倒地）右转身，提左膝，左脚走外右弧线成马步（对方在我胯下），胸向西北。同时，双手顺缠合于胸前变逆缠，双臂交叉，右手在下。（图 8-151、图 8-151 附图）

2. 右转身。同时，左手逆缠走左前下弧线转向裆部左前下方变顺缠，右手由逆缠变顺走右上弧线转向右肩前侧并握拳。（图 8-152、图 8-152 附图）

3. 左上引右下打。左转身变左弓步。同时，左手逆缠走左上弧线转向左后上斜角，右拳逆缠向左下击出。（图 8–153、图 8–153 附图）

图 8–151 　　　　　　　　图 8–151 附图

图 8–152 　　　　　　　　图 8–152 附图

图 8–153 　　　　　　　　图 8–153 附图

第三十六式　二起脚

1. 右后掤法。（对方在我右后侧推我右肩）左转身，眼转看右侧。同时，右拳顺缠走里左前弧线，右肩向左下方倾斜，左拳原处逆缠。（图 8-154）

2. 右肘法。右转身。同时，右手逆缠走里上右弧线收转向胸前，右肘右后击，左拳顺缠走外左小弧线。（图 8-155）

3. 右手引掤法。（对方推按外右肘）右转身。左脚尖内扣，右脚走外弧线右后扫成右前虚步，胸向东。同时，右手顺缠走外右弧线转至胸部右侧，右臂贴右肋；左手变掌逆缠转向胸前。（图 8-156）

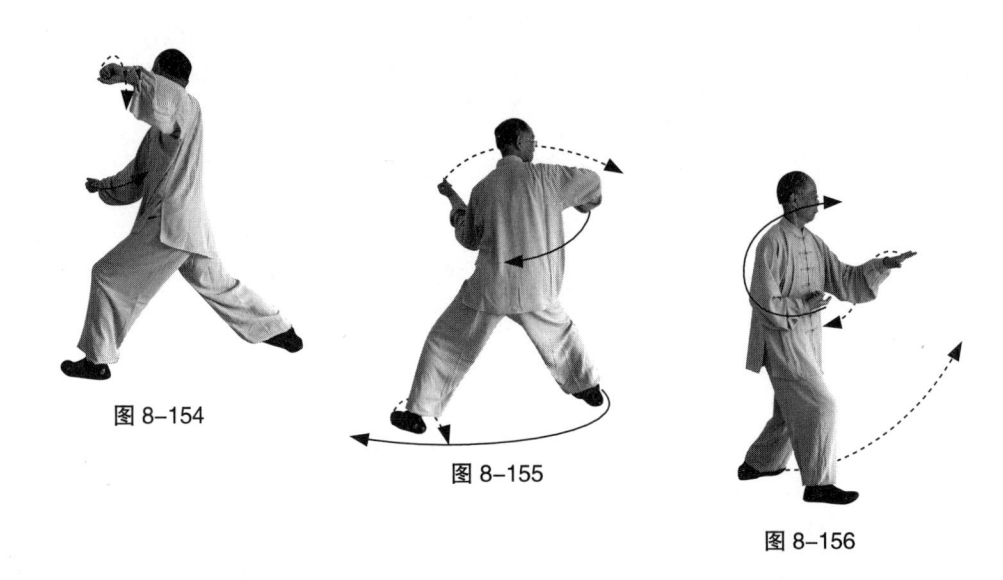

图 8-154

图 8-155

图 8-156

4. 左弹踢。右转身，右脚蹬地起跳，左脚向前弹踢。同时，左手逆缠走里左下弧线转向左胯外侧，右手逆缠走里右上弧线转向右前上斜角。（图 8-157）

5. 右弹踢。左转身，左脚下落，右脚蹬地起跳向前弹踢。同时，左手仍在左胯左外侧，右手在右脚向前弹踢时拍击右脚面。（图 8-158）

6. 左右脚先后落地成右侧小马步。同时，双手沉下，手心向下，右手在右膝前上方，左手在左胯前上方。（图 8-159）

注：第4、5动都是右脚蹬地起跳，左右弹踢在空中连续完成。

图 8-157

图 8-158

图 8-159

第三十七式　旋风脚

1. 右收掤法。（对方在我右前侧按我右臂）右转身收右脚成右盘步，胸向东南。同时，右手顺缠走里弧线收至胸口变逆缠，左手逆缠转至右臂肘弯处，双臂胸前交叉，右臂在外。（图 8-160）

2. 右转身，左腿提起（在对方背部）成右独立步。同时，双手逆缠向左右两侧平开，左腿内合（右手向右引对方右手，左腿和左手夹击对方）。（图 8-161）

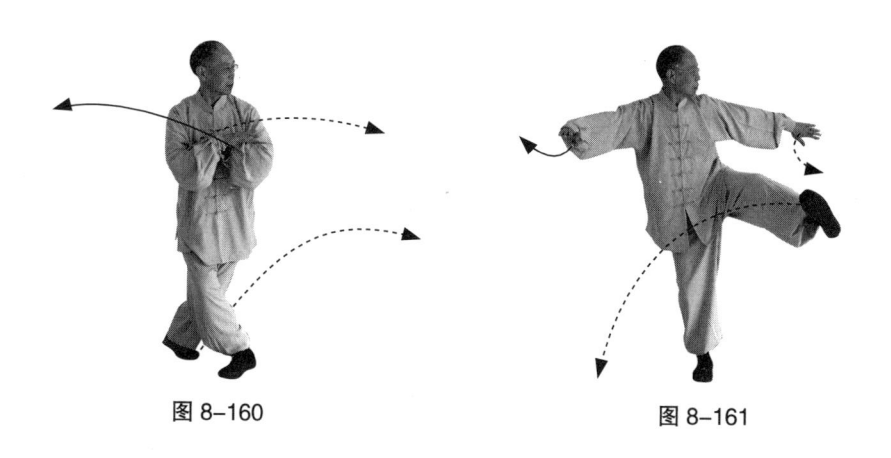

图 8-160

图 8-161

77

第三十八式 右蹬脚

1. 左手引掤法。（对方拿我左手腕向我左后拧转）右转身，左盖步成左盘步，胸向西南。同时，左手逆缠向左下转，右手逆缠向右上转。（图8-162）

2. 右后转体成右前虚步，胸向东北。同时，随转身右手逆缠走外右弧线转向右前上斜角（回身击对方颈部），左手逆缠走外右弧线转向左下斜角。（图8-163）

图 8-162

图 8-163

3. 右手引掤法。（对方右手按我右手腕）右转身，提右膝成左独立步。同时，右手顺缠走外右下弧线转至右胯外侧（引掤对方右手），左手逆缠走外上右弧线转至左上斜角。（图8-164）

4. 左转身，右脚向右下蹬。同时，右手逆缠略向右下转，左手逆缠略向左上转。（图8-165）

注：右蹬脚时身体不得向左倾斜。

78

图 8-164

图 8-165

第三十九式　掩手肱捶

1. 右引掤法。（对方在我右侧拿我右腕向我右后拧转）右转身，右脚落地成右后虚步，脚尖点地。同时，右手逆缠转向右胯外后侧，左手逆缠略向前转。（图 8-166）

2. 右转身，进左步成左侧马步（套对方右腿）。同时，右手顺缠走外上左弧线转向右肩前侧，左手顺缠走外右下弧线转向腹前方（位于对方后腰处）。（图 8-167）

图 8-166

图 8-167

3．左转身，胸向东。同时，右手逆缠走前左弧线转向胸前（按对方颈部），左手顺缠向腹部收转（搂对方后腰）。（图8-168）

4．右引左挤。（对方转向我右侧，双手按我右臂）右转身。同时，右手顺缠走里右弧线转向腹部右侧（引对方右手），左手逆缠走外右弧线转向胸前上方（挤对方颈部）。（图8-169）

5．左引右击。（对方按我左腕）左转身，左脚向左出半步变左弓步，胸向东南。同时，左手顺缠收至腹部左侧（拿左手左腕），右拳逆缠向胸前击出（击对方左肋）。（图8-170）

图8-168

图8-169

图8-170

第四十式 小擒打

1. 右收掤法。（对方用右手推我右拳）右转身变右侧马步。同时，右拳逆缠走右上弧线收转到胸口上方，左手顺缠（拿对方左手腕）走左下弧线转向左胯里前侧。（图 8-171）

2. 右捯法。左转身。同时，左手顺缠（拿对方左腕）向上转到胸口，右拳顺缠走左前下弧线转至腹前（用右前臂外侧捯对方右臂）。（图 8-172）

3. 左将法。左转身，向左前斜角进右步成右前虚步，胸向东北。同时，左手顺缠，右手反旋上弧线收。（图 8-173）

图 8-171

图 8-172

图 8-173

4. 左肩侧靠法。（对方右转身按我右臂）右转身换步成左侧马步（左腿套对方右腿），胸向南。同时，右手顺缠走里弧线收转至胸口变逆缠，左手顺缠贴身略向右下转（左肩靠对方右肋）。（图8-174）

5. 左挤右按。左转身。同时，左手逆缠走外左上弧线转向左后斜上角（挤对方颈部使其后仰），右手逆缠走左下弧线转至左胯上侧（按对方小腹）。（图8-175）

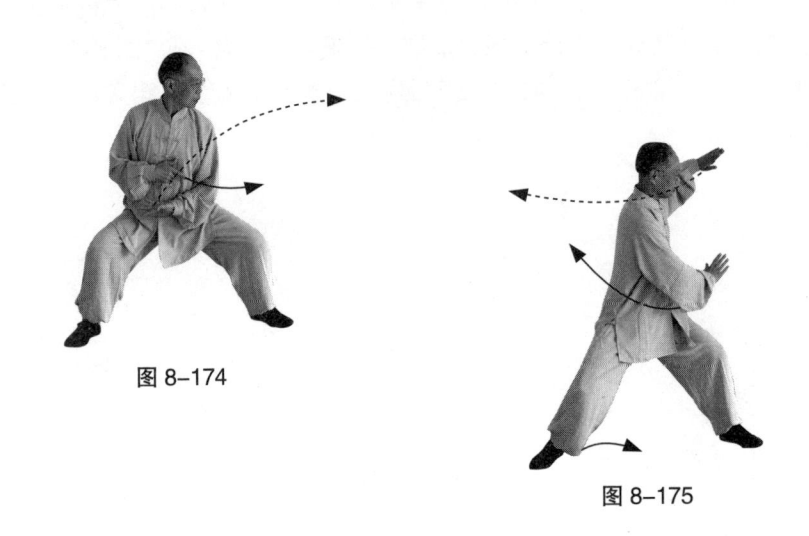

图8-174

图8-175

第四十一式　抱头推山

1. 右引左击。（对方在我右后侧推我右上臂和右肩）右转身，右脚走外右弧线后扫成右前虚步，胸向西南。同时，左手顺缠走外右弧线转至右前上斜角（击对方颈部），右手随转身顺缠收转至左肘下方（引掤对方右手）。（图8-176）

2. 左开掤右下击。（对方右手格挡我左手）左转身。同时，左手逆缠走里左弧线转向左胸前侧（手指勾挂对方右臂内侧向我左外开），右手逆缠走里右下弧线转向右前下斜角（手背击对方小腹部）。（图8-177）

3. （对方双手拿我双上臂并前推）左转身。同时，双手顺缠走外上弧线，双臂顺缠收肘（两臂肘弯夹折对方手腕），右手中指指向右前上斜角，左上中指指向左前上斜角。（图8-178）

图 8-176 　　　　　　　图 8-177 　　　　　　　图 8-178

4. 左转身。同时，左手逆缠向左转，手指下垂呈螺旋形（外拨对方右臂）；右手顺缠走外左弧线转向胸前（向左拨转对方身体左侧）。（图 8-179）

5. 右侧双手按法。（对方握我右臂之左手加大顺缠）右转身，向右出右脚成右侧马步，胸向西南。同时，双手逆缠向右前方转出（推按对方胸部）。（图 8-180）

图 8-179 　　　　　　　图 8-180

83

第四十二式　三换掌

此式与第十九式三换掌相同。（图 8-181—图 8-184）

图 8-181

图 8-182

图 8-183

图 8-184

第四十三式　双推手

此式与第二十式双推手相同。（图 8-185—图 8-187）

图 8-185　　　　　　　图 8-186　　　　　　　图 8-187

第四十四式　单鞭

1. 左肩靠法。（对方双手按我右臂）右转身换步成马步，胸向南。同时，右手顺缠走里弧线收转至左胸侧变逆缠，左手顺缠转向右前臂下侧（左肩靠对方右肋）。（图 8-188）

2. 左挤法。左转身。同时，左手逆缠走外左弧线向左开（挤对方胸部），右手逆缠变勾手走外右弧线向右开。（图 8-189）

图 8-188　　　　　　　图 8-189

85

3. （对方左转体化我挤法）左转身。同时，左手顺缠略后收，左肘沉下；右手顺缠。（图 8-190）

4. 左按法。右转身变左弓步。同时，左手顺缠向左转出（按对方胸部）；右手仍为勾手顺缠，松肩沉肘。（图 8-191）

图 8-190

图 8-191

第四十五式　前招

1. 左引掤法。（对方在我左侧右脚在前双手按我左臂）左转身，收左脚变左盘步。同时，左手顺缠收转向左胯上侧（引掤对方左手），右手逆缠走外左弧线转向左胸前方（按对方左肩）。（图 8-192）

2. 右转身，右脚提起成左独立步，右腿顺缠，右脚向左前摆转（蹋对方小腿）。同时，右手顺缠走里右下弧线转向右胯外侧变逆缠，左手逆缠走外上右弧线转向胸前上方变顺缠（击对方面部）。（图 8-193）

图 8-192

图 8-193

3. 右转身，右盖步成右盘步。同时，双手顺缠收于胸前变逆缠，双手腕交叉，右手在下。（图 8-194）

4. 左挤兼左扫。右转身，左腿向右扫成内八字小马步，胸向南。同时，左手逆缠走外左下弧线转向左胯外侧，右手逆缠走外右上弧线转向胸前上方。（图 8-195）

图 8-194

图 8-195

87

第四十六式　后招

1. 右后掤法。（对方在我右后按我右肩和右上臂）右转身成右盘步，胸向西北。同时，右手顺缠走外右下弧线转至右胯外侧（引掤对方右手），左手顺缠走外右上弧线转至胸前方（击对方面部）。（图 8-196）

2. 左转身，左脚提起成右独立步，左腿顺缠，左脚向右前摆转（踹对方小腿）。同时，左手逆缠走里下左弧线转向左胯外侧，右手逆缠走外上左弧线转向胸前上方变顺缠（击对方面部）。（图 8-197）

3. 左转身，左盖步成左盘步。同时，双手顺缠收于胸前变逆缠，双手腕交叉，左手在里。（图 8-198）

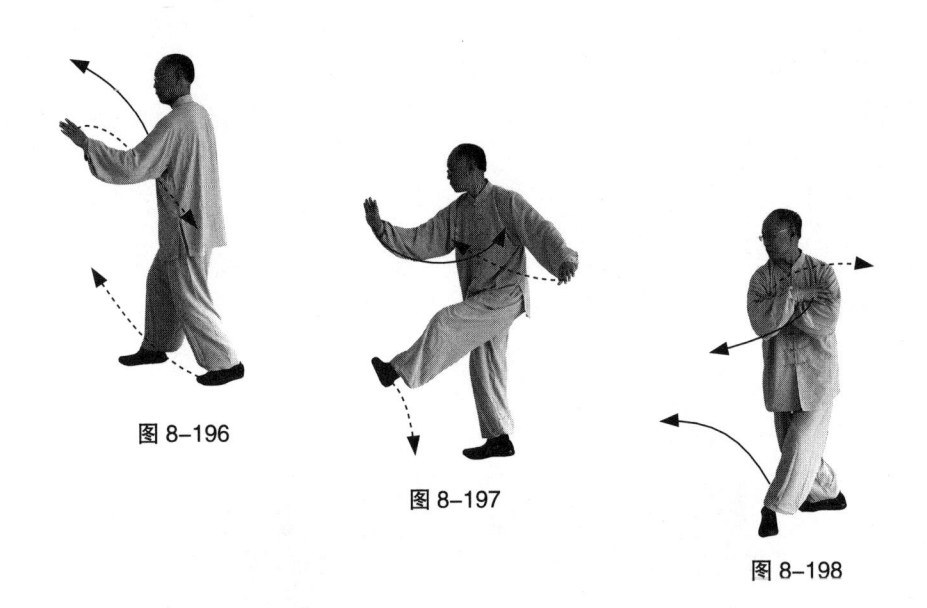

图 8-196

图 8-197

图 8-198

4. 右手挤兼右脚扫法。左转身，右脚勾脚尖向左扫（扫对方左腿）成左独立步。同时，右手逆缠走外下右弧线转向右胯外侧，左手逆缠走外上左弧线转向左上斜角。（图 8-199）

5. 双手按法。右转身，右滑进步成右侧小马步，胸向西南。同时，双手顺缠走外弧线收转至左右肋部变逆缠走里弧线推向右前方。（图 8-200）

图 8-199 　　　　　　　　图 8-200

第四十七式　野马分鬃

1. 右收掤法。（对方在我右侧按我右臂）左转身。同时，右手顺缠走外左上弧线转至左肩前侧，左手逆缠走左上弧线转向右前臂外侧（拿对方右手腕）。（图 8-201）

2. 右肩靠法。右转身，出右脚成右侧马步。同时，左手正旋上弧线开（采对方右腕）；右手先顺缠转向右肩前侧变逆缠走外右下后弧线转向右胯后侧（下采对方左腕），右肩前靠。（图 8-202）

图 8-201 　　　　　　　　图 8-202

3．右背侧靠法及右挤法。（对方含胸躲我右肩靠）左转身，右滑进步成右侧马步。同时，左手逆缠略向左下转，右手顺缠走里右上弧线转向右前上斜角。（图8-203）

4．左背侧靠法及左挤法。（对方按我右臂）右转身换步成左侧马步。同时，右手由顺缠变逆缠走里右弧线转向右上斜角，左手顺缠走里上左弧线转至左前上斜角。（图8-204）

5．右背侧靠法及右挤法。（对方按我左臂）左转身换步成右侧马步。同时，左手由顺缠变逆缠走里左弧线转向左上斜角，右手顺缠走里右上弧线转向右前上斜角。（图8-205）

图8-203

图8-204

图8-205

第四十八式　六封四闭

1．右收掤法。（对方在我右侧进左脚，左腿套我右腿，双手按我右臂）左转身。同时，右手逆缠走外左下弧线转至腹部左侧，左手逆缠走右下弧线转至右肘外侧（插到对方按我右臂的左手腕下侧）。（图8-206）

2. 右转身。同时，左手在右侧逆时针转一圈转至右胸前侧（拿对方左手腕），右手在右侧逆时针一圈转至左手右上方（搭在对方左肘上方）。（图8-207）

3. 左捋法。左转身，左脚向左前出半步，弓膝下塌成右半仆步，胸向南。同时，左手顺缠走里左上弧线转向左前上斜角（拿对方左手腕）；右手顺缠，右肘向左上收至胸口右前侧，右手扬向右前上斜角。（图8-208）

4. 双手按法。右转身，左脚尖划地走里弧线收成左后虚步。同时，双手逆缠经颏下走右下弧线向右前侧转出（封按对方右臂）。（图8-209）

图 8-206

图 8-207

图 8-208

图 8-209

第四十九式　单鞭

与第四式单鞭相同，共分解为 9 个动作，其中第 6 动可参见图 8-24。（图 8-210—图 8-217）。

图 8-210

图 8-211

图 8-212

图 8-213

图 8-214

图 8-215

图 8-216

图 8-217

第五十式　退步双震脚

1. 右手拿法。（对方在我右侧按我右臂）先右转身，回头向右看。右手顺缠走外右下弧线，左手逆缠走外右弧线。后变左转身，右偷步成左盘步。同时，

93

右手顺缠走里左上弧线转向右肩前侧（拿对方右手腕拧转），左手逆缠走里左后弧线转向左后下斜角。（图8-218）

2．（对方进左步套我右腿，右手挤我胸部）右转身。同时，右手逆缠向胸口收转，左手逆缠转向右前臂里侧。（图8-219）

3．右挤法。左转身，退左步成右侧马步。同时，右手逆缠向右前转出（挤对方胸部），左手逆缠按在右前臂里侧（助攻）。（图8-220）

4．右转身，右偷步成左盘步。同时，右手顺缠握拳走里左上弧线转向右肩前侧，左手逆缠走里左下弧线转向左后下斜角。（图8-221）

图 8-218

图 8-219

图 8-220

图 8-221

5. 重复第 2 动。（图 8-222）

6. 重复第 3 动。（图 8-223）

7. 右手收掤法。（对方转向我右侧双手按我右臂）左转身，收右脚成右前虚步，脚尖点地。同时，右手顺缠走里左弧线收转至右膝上方，左手顺缠收转向右臂肘弯内侧。（图 8-224）

8. 双手上掤及右膝法。左脚蹬地向上起跳，右膝提起。同时，双手顺缠走里上弧线，左手在右臂肘弯内侧不变。（图 8-225）

图 8-222

图 8-223

图 8-224

图 8-225

9.（对方向下按我右膝）左脚先落，右脚后落，先后震脚。与震脚同时双手逆缠走里下弧线，右手高齐右肩，左手在右臂肘弯内侧不变。（图8-226）

10. 双按法。右滑进步成右侧小马步。同时，双手逆缠向右前转出。（图8-227）

图 8-226

图 8-227

第五十一式　玉女穿梭

1. 右手拿法。（对方进左步双手按我右臂）左转身，收右脚成右前虚步，脚尖点地。同时，右手顺缠走里左上弧线收于右胸前上斜角（拿对方右腕），左手顺缠收至胸口。（图8-228）

2. 右膝法。左转身，提右膝（击对方胸部）成左独立步，胸向西南。同时，右手顺缠上转，左手原处顺缠。（图8-229）

图 8-228 　　　　　　　　　图 8-229

3．右脚前蹬（蹬对方腹部）。（图 8-230）
4．右脚落地。（图 8-231）
5．左挤法。右转身，进左步成左侧马步，胸向北。同时，右手逆缠走里弧线收于胸口，左手逆缠向左侧开出（挤对方胸部）。（图 8-232）

图 8-230 　　　　　　图 8-231 　　　　　　图 8-232

6.（对方拿我左腕拧转）右转身。左脚走外右弧线向右移半步，脚尖内扣；右脚尖外摆成右盘步。同时，左手逆缠转向背后。（图 8-233）

7. 右挤法。（对方撤右步）右后转身，右脚走外弧线后扫成马步，胸向南。同时，左手逆缠走外弧线转至左前下斜角，右手逆缠走外右上弧线转向右前上斜角（右挤）。（图 8-234）

注：第 4、5、6、7 四动可右脚蹬地跳起右转体连续完成。

图 8-233

图 8-234

第五十二式 懒扎衣

1. 右收掤兼右肩靠法。（对方在我右侧进左步右手按我右腕）左转身，出右脚成右侧马步（右肩靠对方胸部）。同时，右手正旋下弧线收（拿对方右腕），左手反旋上弧线收，双手合于胸口，左手在内。（图 8-235）

2. 右肘法及右挤法。右转身。同时，先起右肘，接着右手逆缠向右开；左手贴在右臂肘弯里侧逆缠向右转出（助攻）。（图 8-236）

3. 右挤法。左转身变右弓步。同时，右手顺缠向右侧开，松肩沉肘；左手顺缠收至胸口。（图 8-237）

图 8-235　　　　　　　　图 8-236　　　　　　　　图 8-237

第五十三式　六封四闭

此式与第三式六封四闭相同。（图 8-238—图 8-241）

图 8-238　　　　　　　　　　　　图 8-239

图 8-240　　　　　　　　　　　　图 8-241

第五十四式　单鞭

此式与第四式单鞭相同，共分解为9个动作，其中第4、6、7、8动可参见图 8-22 和图 8-24—图 8-26。（图 8-242—图 8-246）

图 8-242　　　　　图 8-243　　　　　图 8-244

图 8-245　　　　　图 8-246

第五十五式　中云手

此式与第二十九式上云手相同。（图 8-247—图 8-252）

八、洪传太极拳第一路八十一式诠释

图 8-247

图 8-248

图 8-249

图 8-250

图 8-251

图 8-252

101

第五十六式　双摆莲

1. 双手上掤法。（接上势，对方右臂上掤）先左转身，同时，左手逆缠向左下转，右手顺缠向左下转。胸向南。随即右转身，右偷步成左盘步，左手顺缠走外上右弧线，右手逆缠走外上右弧线。（图8-253）

2. 右转身，向左出左脚成右虚步。同时，左手逆缠转向右肩前侧，右手顺缠转向右肩右侧，双臂沉肘，双手手心向外（右前封按对方右臂）。（图8-254）

3. 左转身，向左侧滑进步成右后虚步，脚尖点地，膝盖内扣，胸向西南。同时，左手原处逆缠，右手原处顺缠。（图8-255）

图8-253

图8-254

图8-255

4. 左转身，右膝提起变左独立步，右脚走里左上弧线转向左前斜角。同时，左手原处逆缠，右手顺缠略下转。（图8-256）

5. 右转身，右脚绷脚面走外右弧线向右摆转（用脚背向右击对方背部）。同时，左手逆缠走外左弧线转向左前上斜角，右手顺缠走前左弧线转向胸前，双手先后擦右脚面。（图8-257）

6. 右转身，右腿屈膝，小腿垂直地面。同时，左手顺缠略左下转，右手逆缠转向左肩前侧。（图8-258）

图 8-256　　　　　　　图 8-257　　　　　　　图 8-258

第五十七式　跌岔

1. 左收掤法。（对方在我左侧双手按我左臂）右转身，右脚震落成外八字小马步。同时，双手握拳顺缠合于胸前，左手在里。（图 8-259）

2. 右采左蹬。右转身，左脚脚尖向上勾起，以脚跟里侧贴地前蹬（铲蹬对方左脚踝内侧），右腿屈膝下蹲。同时，右手逆缠转向右前斜角（采对方左手腕内侧），左手逆缠贴右腕随右手一起转向右前斜角。（图 8-260）

3. （对方屈右膝成左仆步，右手按我左腿）左转身，左腿肚贴地，右膝下扣，右腿内侧贴地，成单劈叉势。同时，左手逆缠走左下弧线转向左小腿上外侧（外拨对方右腿），右手逆缠走外右弧线转向右前斜角。（图 8-261）

图 8-259　　　　　　　图 8-260　　　　　　　图 8-261

第五十八式　左金鸡独立

1. 左转起立，跟右步成左侧马步。同时，左拳顺缠走里上弧线转向胸前（击对方腹部），右拳顺缠走里左弧线转向腹前。（图 8-262）

2. 左收掤右击法。（对方按我左手）左转身，进右步成右前虚步。同时，左手顺缠收至胸口，右拳顺缠走里上弧线转向胸前上方（击对方下颌）。（图 8-263）

3. 右上掤兼右膝法。（对方右手上掤我右手并起右膝击我裆部）右转身，提右膝（击对方腹部）成左独立步。同时，右拳变掌先顺缠走里上弧线转至与眼齐时变逆缠向上转向额头右前上方，左拳变掌逆缠走里下左弧线转到左胯左前侧（向左搂拨对方右膝）。（图 8-264）

图 8-262

图 8-263

图 8-264

第五十九式　右金鸡独立

1. 左独立步不变。左手顺缠走外上弧线转向胸前，右手顺缠走里下弧线转向胸前，两手心相对。（图 8-265）

2. 双手下挤法。（对方双手按我右膝）左转身，右震脚成小正马步。同时，双手逆缠走里下弧线转到裆前（双手下按对方右膝）。（图8-266）

3. 双撞捶。右转身，进左步成左侧小马步。同时，双手顺缠握拳前击（击对方腹部），双拳心相对。（图8-267）

4. 双手收挤法。（对方双手握我双手腕前推）右转身，左脚略收成左前虚步。同时，左拳顺缠收转至左肩前侧，右手顺缠收转至胸口。（图8-268）

5. 左上挤兼左膝法。左转身，提左膝（击对方腹部）成右独立步。同时，左拳变掌先顺缠走里上弧线转至与眼齐时变逆缠走左上弧线转向左前上斜角（上挤对方右手），右拳变掌逆缠走里下右弧线转至右胯右前侧（下引对方左手）。（图8-269）

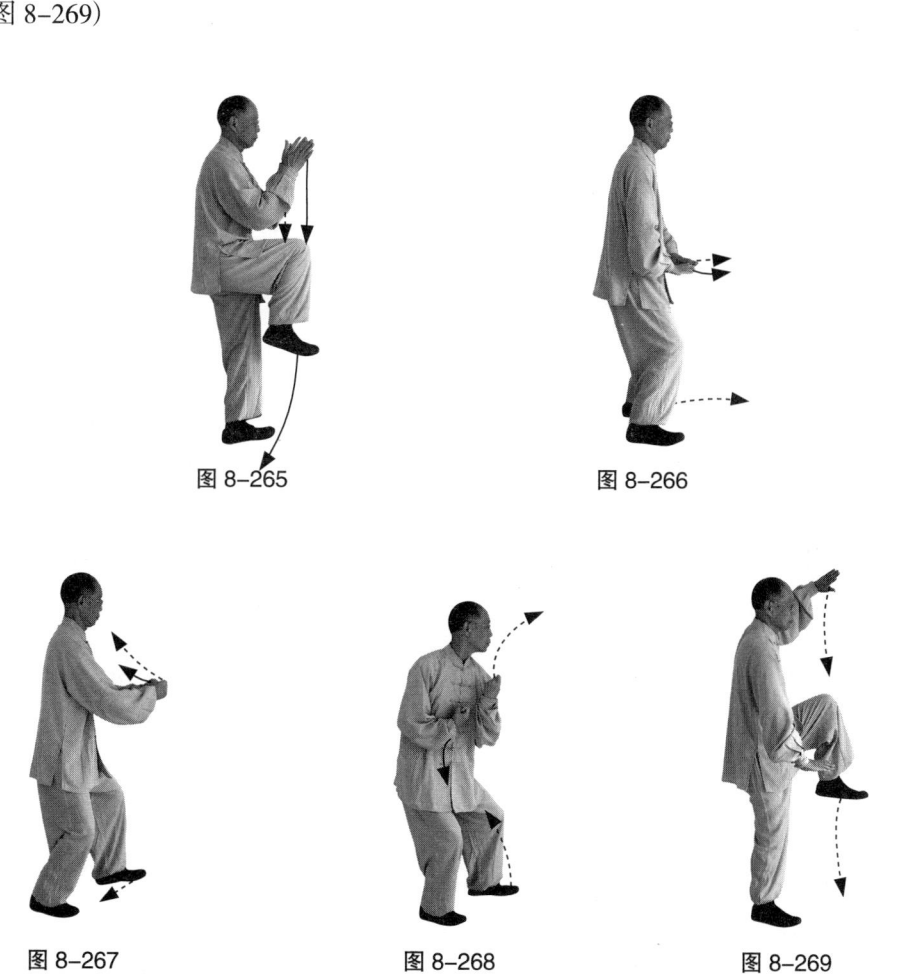

图 8-265

图 8-266

图 8-267

图 8-268

图 8-269

第六十式　倒卷肱

1.（接上势，对方按我左膝）右转身，落左脚成左虚步。同时，左手顺缠走右下弧线转至左肩前侧，右手原处逆缠。（图8-270）

第2、3、4、5、6、7动与第二十二式倒卷肱相同，其中第2、5动可参考图8-82、图8-85，第3、4、6、7动见下图。（图8-271—图8-274）

图8-270　　　　　　图8-271

图8-272　　　　图8-273　　　　图8-274

第六十一式　左进步挤

1. 左肩靠法。（对方推我右臂）右转身换步成马步（左腿套对方右腿），胸向南。同时，右手由顺缠变逆缠走里右弧线收至胸口，左手顺缠从右臂下方转至右胯前侧。（图8-275）

2．左手逆缠挤法。左转身。同时，左手逆缠走外上左弧线开，右手逆缠走外上右弧线开。（图8-276）

3．左手顺缠挤法。（对方右转体化我挤法）右转身。同时，双手顺缠左右后开，松肩沉肘。（图8-277）

图8-275 　　　　　　　图8-276 　　　　　　　图8-277

第六十二式　顺拦肘

1．右收掤法。（对方在我右侧双手按我右臂）右转身，收右脚成右前虚步。同时，右手顺缠，右肘向胸口方向收转，前臂扬向右上斜角；左手顺缠走外右弧线转向右臂外下侧（握对方左手腕）。（图8-278）

2．右肘横击法。左转身，右滑进步成右侧马步。同时，左手顺缠走左下弧线转至腹前（拿对方左手腕）；右手逆缠转向胸口上方，右肘走外上左弧线（横击对方头部）。（图8-279）

图8-278 　　　　　　　图8-279

107

3．右收掤法。（对方推我右肘）左转身，收右脚成右虚步。同时，右手顺缠，右肘走外左弧线向胸口方向收转，前臂扬向右上斜角；左手逆缠走右上弧线转向右肘右外侧（拿对方右腕）。（图8-280）

4．右肘顺势击法。右转身，右滑进步成右侧马步。同时，左手顺缠走左下弧线转向胸口，右肘向右击发。（图8-281）

图 8-280　　　　　　　　图 8-281

第六十三式　白鹤亮翅

此式分解为4个动作。第1、2、3动和第二十式双推手相同。（图8-282—图8-284）

4 右挤法：（对方右转体化我按法）左转身，右滑进步成左后虚步。同时，右手顺缠转向右上斜角，左手逆缠走里左下弧线转向左胯外后侧。（图8-285）

图 8-282　　　　　　　　图 8-283

108

图 8-284　　　　　　　　　　　图 8-285

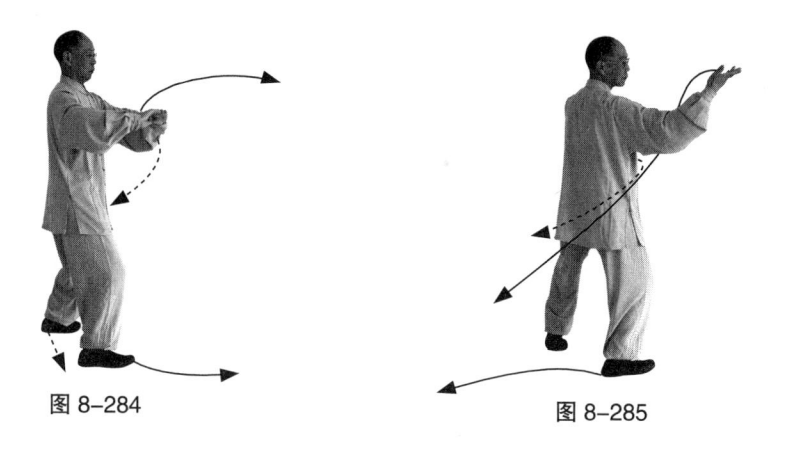

第六十四式　搂膝拗步

与第二十三式搂膝拗步相同。（图 8-286—图 8-288）

图 8-286

图 8-287

图 8-288

第六十五式　闪通背

1. 手肘合掤法。（对方在我右侧右手拿我右腕顺缠拧转，左手向上掀我右肘）右转身。同时，右手逆缠向上转向右肩前侧，右肘向上、向后转；左手顺缠走外右上弧线转至右肘外侧，手心合于右肘尖处（合于对方按我右肘之左手手背处）。（图8-289）

2. 捌腕。左转身，左脚向左后跨半步，右脚走里弧线成右前虚步，脚尖点地。同时，右手握拳顺缠顺时针转一圈扬向右前斜角，右肘向左收转到右胸侧；左手顺缠随右肘向左收转（左手和右肘合拿捌对方左腕）。（图8-290）

图 8-289

图 8-290

3. 右滑进步成右侧小马步。同时，右拳顺缠向右前上方击出（击对方下颌），左手仍在右肘下侧。（图8-291）

4. 右引掤法。（对方右手拿我右腕顺缠拧转）右转身成右盘步，胸向东南。进左步，左脚尖内扣成内八字小马步。同时，右手逆缠屈腕，左手顺缠走右前弧线转向右手前，掌心向上（拿托对方右腕）；右手逆缠向上翻转，手心向下（反拿对方右手内侧使其肘关节翻转向下）。（图8-292）

图 8-291

图 8-292

5. 右转成右盘步，左脚尖内扣。同时，右手逆缠，左手顺缠（左肩抗对方右臂）。（图 8-293）

6. 左侧背摔法。右后转身，向右后插右脚成左半仆步，胸向北。同时，右手顺缠走右下弧线转向右腹前侧，左手逆缠变顺缠走右下弧线转向左腿内侧。（图 8-294）

图 8-293

图 8-294

111

第六十六式　掩手肱捶

1. 左右开掤。左转身，右脚提起成左独立步，右腿顺缠，右脚尖外摆前踹（踹对方小腿）。同时，左手逆缠（拿对方左腕）走里左下弧线转向左前下斜角，右手逆缠（拿对方右腕）走里右上弧线转向右前斜角。（图8-295）

2. 马步右缠拿。（对方右手拿我右腕撤右步）右转身，右盖步成右盘步，随即进左步成马步。同时，右手顺缠转向胸前（反拿对方右腕），左手逆缠走外右弧线合于右手腕上侧变顺缠，随即双手原处顺缠（加大缠拿）。（图8-296、图8-296附图）

图 8-295

图 8-296 　　　　　　　　图 8-296 附图

3. 左右开掤。（对方左手推我左手）右转身。同时，左手逆缠走里左下弧线转向左膝上方，高齐小腹；右手逆缠向右上转向右膝上方，高齐胸口。（图 8-297、图 8-297 附图）

图 8-297

图 8-297 附图

4. 右转身。同时，右手顺缠走外上弧线转向右腮旁，握拳，拳心斜向右后方，右肘贴肋；左手原处顺缠。（图 8-298、图 8-298 附图）

图 8-298

图 8-298 附图

5. 左引右打。左转身变左弓步，胸向西北。同时，左手顺缠（拿对方左手腕）收至胸口，右拳逆缠向左前击出。（图 8-299、图 8-299 附图）

图 8-299

图 8-299 附图

第六十七式　懒扎衣

1.（接上势，对方右转身化我右拳）左转身，右脚走里弧线进步成右前虚步，脚尖点地，胸向西南。同时，右手顺缠，右肘向胸口前上方转（右臂上托对方左肘）；左手原处逆缠。（图 8-300）

2. 右臂挤法。右转身，右滑进步成左后虚步。同时，右手逆缠走里右弧线向右前转出（右臂挤对方左肋），左手逆缠转向右前臂内侧（助攻）。（图 8-301）

3. 右手挤法。（对方左转化我右臂挤法）左转身，退左步成右弓步。同时，左手顺缠收到胸口，右手顺缠向右开。（图 8-302）

图 8-300

图 8-301

图 8-302

第六十八式　单鞭

1. 右引掤法。（对方在我右侧双手按我右臂）右转，右手顺缠走外弧线收至右胯外侧（引对方右手使对方向我右后侧倾斜），左手逆缠走里左弧线转至左胯前侧变顺缠走外右弧线转至右前方（向右按对方右肩）。（图 8-303）

2. 左转，左手顺缠略向右下收转，右手变勾手逆缠走外上左弧线转向右前上斜角（手背击对方左太阳穴）。（图 8-304）

图 8-303

图 8-304

3. 右挤法。左转，左手顺缠收于胸口，右手顺缠向上、向右翻转（手背挤对方颈部）。（图8-305）

图8-305

4. 右转，左脚勾起脚尖略向左移成左半仆步（衬对方右腿）。（图8-306）

第5、6、7、8动与第四式单鞭6、7、8、9动相同，第5～7动可参见图8-24、图8-25、图8-28，第8动见下图。（图8-307）

图8-306

图8-307

第六十九式　下云手

与第二十九式上云手相同，其中第 2、4 动可参见图 8-120、图 8-122，第 1、3 动和第 5～7 动见下图。（图 8-308—图 8-312）

图 8-308

图 8-309

图 8-310

图 8-311

图 8-312

第七十式　高探马

1. 左手引掤法。（对方左手拿我左腕向我左侧拧转）右转身。同时，左手逆缠向左侧转，右手逆缠向右上转。（图8-313）

2. 左转身进右步成右侧马步。同时，左手逆缠走里弧线转至左胯外侧变顺缠走外前右弧线转向左胸前侧（引掤对方左手），右手逆缠走里弧线转至右胯前变顺缠走外前左弧线转向胸右前方。（图8-314）

3. 右转身。同时，右手顺缠向腹部收转（搂对方后腰），左手逆缠走前右弧线转向胸前（按对方颈部）。（图8-315）

图8-313　　　　　图8-314　　　　　图8-315

第七十一式　十字摆莲脚

1. 双手引掤法。（对方进左步双手将我双臂交叉封按于胸前，使我左臂在上侧，右手于左腋下）左转身，胸向东北。同时，右手逆缠转向左腋下（引对方右手），左手逆缠转向右肘外侧（引对方左手）。（图8-316）

2. 右转身换步成左侧马步，胸向东南。同时，右手原处顺缠，手指下扣（反拿对方右手手腕）。（图8-317）

图 8-316　　　　　　　图 8-317

3. 右转身，左脚向左侧移半步，右脚脚尖划地走外弧线成右后虚步，右膝内扣，脚尖点地。双手手型不变。（图 8-318）

4. 左转身，右脚向左前提起成左独立步。同时，右手逆缠（拿对方右手腕）转向右胯外侧。（图 8-319）

5. 右转身，右脚绷脚面走外右弧线（右脚面击对方背部）转向右前斜角。同时，左手逆缠走外左上弧线擦右脚脚面转向左侧（挤对方颈部），右手逆缠走外右弧线转向右侧（引对方右手）。（图 8-320）

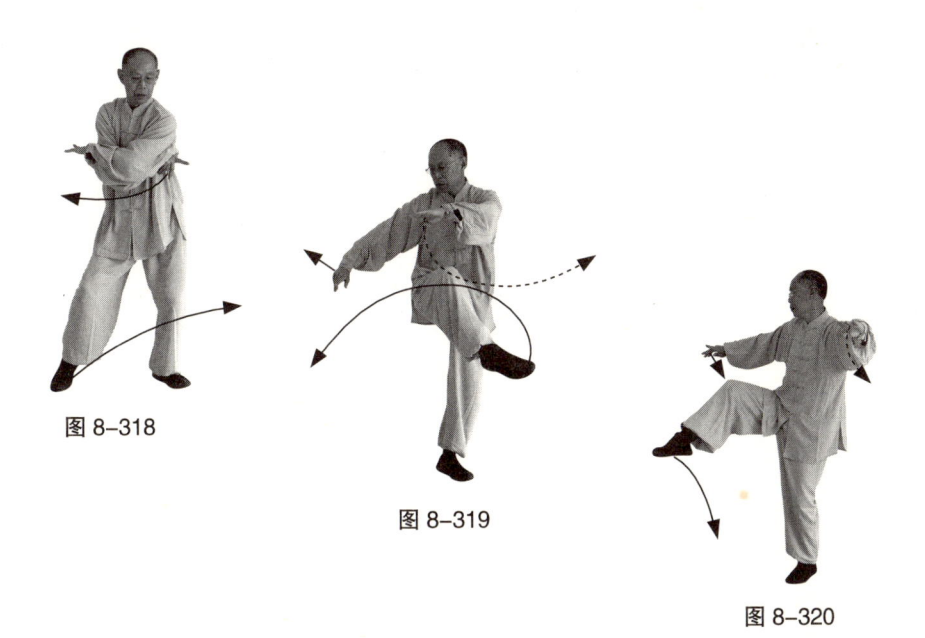

图 8-318　　　图 8-319　　　图 8-320

第七十二式　指裆捶

1. 右引掤。（对方拿我右腕向右后拧转）左转身，落右脚成右后虚步。同时，右手逆缠走下后弧线转向右胯外侧，左手逆缠转向左胸前侧。（图 8-321）

2. 右缠拿。右后转身，收右脚成右盘步，胸向西北。同时，右手先逆缠转向右胸前侧变顺缠转向胸口（反拿对方右腕），左手按在右手腕上侧。（图 8-322）

第 3、4、5 动与第六十六式进步掩手肱捶第 3、4、5 动相同。（图 8-323、图 8-324）

图 8-321

图 8-322

图 8-323

图 8-324

6. 左引右击。左转身，马步不变。同时，左手顺缠（拿对方左手腕）收至胸口，右拳逆缠向前下击出（击对方裆部）。（图 8-325、图 8-325 附图）

图 8-325

图 8-325 附图

第七十三式　猿猴献果

第 1、2、3 动与第四十式小擒打第 1、2、3 动相同，其中第 1 动可参见图 8-171，第 2、3 动见下图。（图 8-326、图 8-326附图、图 8-327）

4. 右滑进步成左后虚步。同时，右拳顺缠走里上弧线转至右前上斜角，高齐下颌（击对方下颌），左手顺缠走里右弧线转向右臂肘弯里侧。（图 8-328）

图 8-326

图 8-326 附图

图 8-327 　　　　　　　　　　　图 8-328

第七十四式　六封四闭

1. 右收掤法。（对方向左推我右臂）左转身，左滑退步成右前虚步，右脚尖点地，右膝内扣。同时，右臂反旋上弧线收，左手在右臂肘弯处顺缠。（图 8-329）

2. 右前双手按法。右转身，右滑进步成左后虚步。同时，右手反旋上弧线收至胸口右侧，然后双手逆缠转向右前侧。（图 8-330）

图 8-329 　　　　　　　　　　　图 8-330

第七十五式　单鞭

1. 右引掤法。（对方左手拿我右手腕内侧）右转，右手顺缠，手腕内扣收至右肩前侧（将对方腕夹住引至我右肩窝处）；左手逆缠转向右手前下方（拿对方左手腕外侧）。（图8-331）

2. 右挒法。左转，左手顺缠（拿对方左手腕）收至胸口，右臂顺缠向左前下转（挒对方左臂）。（图8-332）

3. 逆缠右挤法。左转，左手顺缠，右手仍为勾手，逆缠走外上弧线（用手背挤对方面部）。（图8-333）

第4、5、6、7、8、9动与第四式单鞭第4、5、6、7、8、9动相同，其中第4动和第6~8动可参见图8-22和图8-24—图8-26，第5动、第9动见下图。（图8-334、图8-335）

图8-331　　　　　图8-332　　　　　图8-333

图8-334　　　　　图8-335

123

第七十六式　穿地龙

1. 左收掤。（对方在我左侧右腿套我左腿，双手按我左臂）右转身成左侧马步。同时，双拳顺缠合于胸前，右拳在外。（图8-336）

2. 右采法。右转身，左脚尖内扣，右腿屈膝下蹲成左仆步。同时，右手逆缠转向右前斜角（采对方左手腕内侧），左手逆缠贴右腕随右手一起转向右前斜角。（图8-337）

3. （对方在左手被采时，变右弓步，右手按我左腿）左转身。同时，左手逆缠走下左弧线转至左小腿外侧（向外拨对方右膝内侧），右手逆缠略向右开。（图8-338）

图8-336

图8-337 　　　　　　　　　　图8-338

第七十七式　上步骑鲸

1. 左手掤法。（对方右手拿我左前臂外翻）左转身变左弓步。同时，左手握拳顺缠走左上弧线转向左前斜角，右手握拳顺缠走里左弧线转向腹右前方。

（图 8-339）

2. 进右步成右前虚步，胸向东北。同时，左手原处顺缠，右手顺缠走里左上弧线转向左前上斜角（转至对方右前臂下侧）。（图 8-340）

3. 双手绞缠捌腕。右转身。同时，右手顺缠向胸口上方收转，左手顺缠走外右弧线向胸口上方收转，双前臂交叉，左手在外。（图 8-341）

4. 左转身。同时，右手逆缠向下翻转，手腕内扣（用小指一侧扣压对方右前臂）转向小腹前；左手逆缠向下翻转，手腕内扣转向小腹前。（图 8-342）

5. 双撞捶。（对方为化我绞缠，左转身）右转身。同时，双拳顺缠贴胸向上翻；随即右滑进步成右侧小马步，胸向东。双拳前击，拳眼向上。（图 8-343）

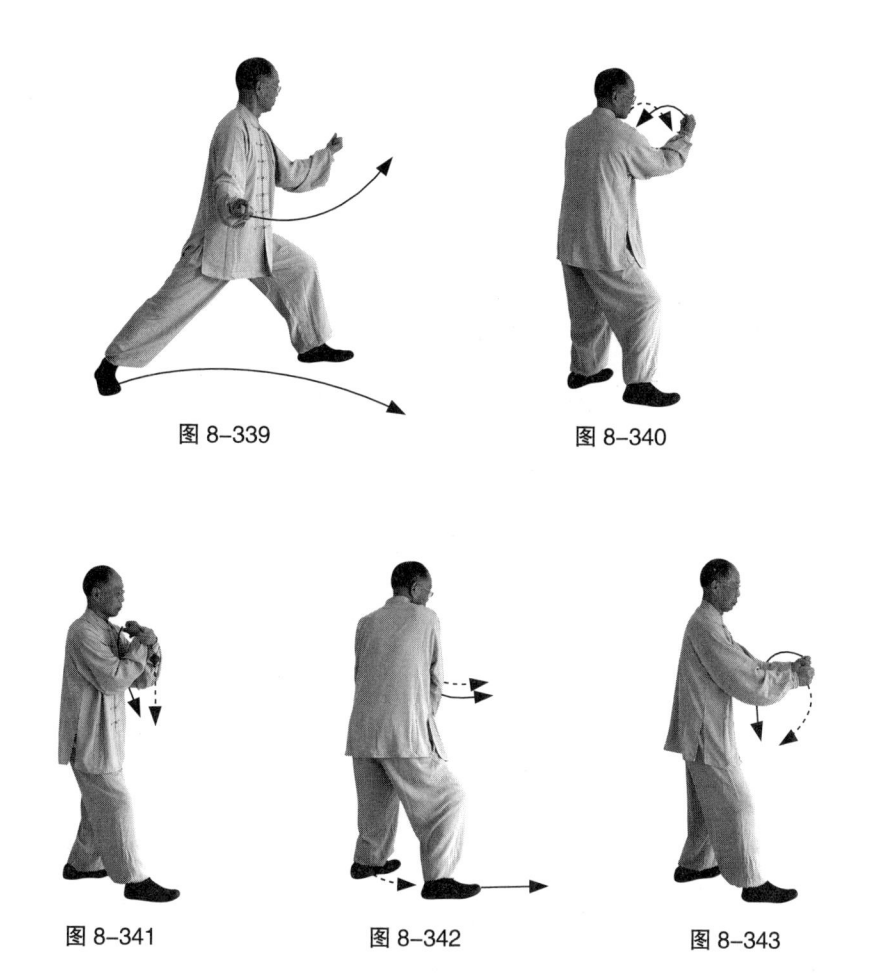

图 8-339

图 8-340

图 8-341

图 8-342

图 8-343

第七十八式　退步跨虎

1. 左转收掤法。（对方双手按我双臂）左转身，胸向东北。同时，双手逆缠收转至腹部，双臂交叉，右手在外。（图8-344）

2. 左肩靠法。右转身换步成马步（左腿套对方右腿），胸向南。同时，右手顺缠贴身上转到胸部左侧变逆缠，左手顺缠转向右胯前侧（左肩靠对方右肋）。（图8-345）

3. 左挤法。左转身。同时，左手顺缠左后上开（挤对方胸部），右手逆缠右下开。（图8-346）

图 8-344　　　　　图 8-345　　　　　图 8-346

4. 右转身。同时，左手逆缠走左下后弧线转向左胯左后侧（击对方裆部），右手逆缠向后下转。（图8-347）

5. （对方左手拿我左手腕向我左后拧转）左转身。同时，左手顺缠在左侧逆时针转一圈转至左上斜角（反拿对方左腕），右手顺缠在右侧顺时针转一圈转至右上斜角。（图8-348）

6. 左扫带。左转身，左腿顺缠，左脚跟收扫成外八字小马步（左脚扫带对方右腿）。同时，左手顺缠转向左肩前侧（拿对方左腕），右手顺缠转向右肩前侧。（图8-349）

注：第5、6动用法也是化解两人从左右两侧拿左右手拧转。

图 8-347 　　　　　　　　图 8-348 　　　　　　　　图 8-349

第七十九式　转身双摆莲

1. 右引掤法。（对方在我右侧按我右臂）右转身换步成左侧马步，胸向西。同时，右手顺缠走里弧线收转到腹前变逆缠转向右胯外侧（引掤对方右手），左手逆缠走里下弧线转至左胯外侧变顺缠走外上右弧线至胸前（按对方右肩外侧）。（图 8-350）

2. 左转身。同时，左手顺缠向腹部收转（搂对方后腰），右手逆缠走外前右弧线转向胸前（按对方颈部）。（图 8-351）

图 8-350 　　　　　　　　图 8-351

3. 右收掤。（对方转向我右侧，双手按我右臂）左转身，左腿顺缠，收左脚成左盘步。同时，右手顺缠走外左弧线转向左胸侧变逆缠，左手顺缠转向右前臂外侧变逆缠。（图8-352）

　　4. 提右膝成左独立步，右腿里合。同时，右手逆缠走外右弧线转向右侧（右手和右腿夹击），左手逆缠走外左弧线转向左侧（向左引对方左手）。（图8-353）

　　5. 左转身，落右脚成右后虚步。同时，右手顺缠向右翻转，松肩沉肘；左手逆缠走外右弧线转向右肩前侧。（图8-354）

图 8-352

图 8-353

图 8-354

　　6. 左转身，右脚向左前提起成左独立步。同时，左手原处逆缠，右手原处顺缠。（图8-355）

　　7. 右转身，右脚绷脚面走外右弧线向右摆转（用脚背向右击对方背部），然后屈膝，小腿垂直地面。同时，左手顺缠走外左弧线转向身体左侧，右手逆缠走外左弧线转向身体左侧，双手先后擦击右脚面。（图8-356）

图 8-355

图 8-356

第八十式 当门炮

1. 左收掤法。（接上势，对方在我左前方按我左臂）右转身，向后落右脚成左半仆步。同时，左手顺缠握拳收转至左肩前侧，右手顺缠握拳收转至胸口。（图 8-357）

2. 左掤右击。左转身变左侧马步。同时，左拳逆缠转向左前上斜角（左上掤对方双手），右拳逆缠向左前斜角击出（击对方胸部）。（图 8-358）

图 8-357

图 8-358

129

第八十一式　金刚捣碓

1. 左臂上掤法。（对方右手托我左臂）左转身。同时，左手逆缠向左上转，右手顺缠转向左臂外侧下滑至左腋下（按对方右手背使其滑向我左腋下）。（图8-359）

2. 右转身，下蹲成马步，胸向西北。同时，左手逆缠走左下弧线转向左胯外后侧，上臂贴肋（腋部夹捌对方右手腕）。（图8-360）

图8-359 　　　　　　　图8-360

3. 左转身，左脚走里弧线变左前虚步，胸向西南。同时，左手逆缠走外右弧线转至右胯前变顺缠走里上左弧线转向左上斜角，上臂贴肋；右手仍在左腋下。（图8-361）

4. 左转身成左盘步。同时，左手顺缠向左下转，上臂贴肋，手指下垂（扣压对方右臂肘弯）；右手由逆缠变顺缠走左前下弧线转向左前下斜角（按对方胸部）。（图8-362）

注：此动的用法也可以是对方用左手拿我左腕，我左手顺缠反拿对方左腕，右手按对方左肘关节。

第5、6、7、8动与第一式金刚捣碓第5、6、7、8动相同。（图8-363—图8-366）

八、洪传太极拳第一路八十一式诠释

图 8-361

图 8-362

图 8-363

图 8-364

图 8-365

图 8-366

131

九、特色拳式的演变

据说陈王廷时代创编有"长拳108式",现在已失传。不过经过人们不断地考证、挖掘,目前已出现有称为"陈式太极长拳108式拳谱"的资料。网上还有了"陈式太极长拳108式"视频。标有"陈式""太极"等字样,应当是现在人们加上去的。尽管这些拳谱、视频可能和当初时的拳谱、练法会有差异,但还是有参考价值的。

戚继光的著作《纪效新书》是中华武术史上正式出版的较早描述拳式的书籍。"陈式太极长拳108式"中的许多拳式式名与戚继光的《纪效新书·拳经篇》中的拳式式名相同或相近,而且现代的陈式太极拳也一直沿用。例如:懒扎衣、金鸡独立、探马势、拗单鞭、七星拳、倒骑龙、抛架子、擒拿势、伏虎势、雀地龙、跨虎势、顺鸾肘、拗鸾肘、倒插势、指当势、兽头势等。陈式太极拳的创始人陈王廷成年时,戚继光去世不过三十几年。陈王廷是明代军人,我推测他所创编的拳式有一些很可能是基于戚继光的拳式。

"长拳108式"是太极拳的源头。陈式太极拳流传至今已有几百年的历史。在这几百年的时间里,经历了一个发展变化过程。在今天,各地区所演练的陈式太极拳大都是陈发科先生所传。目前陈式太极拳中仍然有与上面提到的那些拳式式名相同或相近的拳式式名,只是练法有变化。同为陈发科先生所传授,不同传承人所传授的陈式太极拳,某些拳式的练法也有明显的差异。以下主要讲述一些特色拳式的差异及演变过程。

清末民初陈鑫的《陈氏太极拳图说》(简称《陈说》)是较早正式出版的陈式太极拳著作,从其所描述的拳式可以看出那个时代陈式太极拳的练法。现代陈式太极拳著作,有沈家桢、顾留馨所著《陈式太极拳》(1963年出版)、陈小旺所著《世传陈式太极拳》(1985年出版),陈绩甫所著《陈氏太极拳汇宗》(1988年出版),洪均生所著《陈式太极拳实用拳法》(1989年出版)等。《世传陈式太极拳》中的一路拳和二路拳都标有"老架"二字。将早期太极拳著作和现代太极拳著作所描述的某些拳式做纵向比较,将现代几部太极拳著作所描述的某些拳式做横向比较,讲述某些拳式的演变问题。之所以讨论这些拳式,是因为对拳式中的某些动作有疑点，疑点包括动作和式名不符、动作用法不明确等。在比较、讨论、试验的基础上，力求选择更为合理的练法。

拳式式名分为两种类型：一类是象形比喻型，例如金刚捣碓、白鹤亮翅、懒扎衣等；另一类是表达用法型，例如掩手肱捶、左蹬脚、双推手等。一个式子，一般都是由几个动作组成的。大多数的拳式都是根据该式最后一个动作的姿态定式名的。有些拳式在一个套路中出现几次，例如金刚捣碓、懒扎衣、六封四闭等，虽式名相同，但动作不全相同，只是最后落式相同。也有个别拳式的式名所表示的不是拳式最后一动的定势，而是表示拳式动作运行过程，如玉女穿梭、翻花舞袖、风扫梅花等。

（一）金刚捣碓

《陈说》六十四势（式）中包含 3 个金刚捣碓势，另外又将上步七星势末尾取名为金刚捣碓。《陈式太极拳》《世传陈式太极拳》和《实用拳法》中的一路拳都包含 4 个金刚捣碓，其练法略有差异，这里主要讲解第一个金刚捣碓势。

先看金刚捣碓的步法。右双上采法出左脚，现在至少有 3 种练法：

1. 左脚尖勾起以脚跟贴地向左前方前进成左仆步。这种出脚法适宜套法，即对方右腿在前，我出左脚，左腿在对方右腿外侧。洪师在教学生两人试验此式用法时，用金刚捣碓一方用左腿套对方右腿。《实用拳法》中讲该式的用法时也说"进左步到对方右腿外侧"。

2. "左腿提膝经右腿里侧，勾起脚尖，以脚跟贴地逆缠，走里弧线，向左前方前进约二肩宽成左仆步"（引自《实用拳法》）。这种出脚法适宜衬法，不适宜套法。

3. "重心完全落至右腿，左脚提起……左脚脚尖翘起，以脚跟内侧贴地向左前方铲出"（引自《陈式太极拳》）。这种练法，意欲蹬踹对方右小腿？

本书第一路第一式金刚捣碓第 2 动（《实用拳法》中的第 3 动）出左脚是照上述 1 的练法。

其次手法。《实用拳法》中金刚捣碓的第 4 动和第 5 动是左挤右按法，洪师要求中指扬向右前上斜角，如推物状。有的练法是手指下垂，意为撩裆。另外，《实用拳法》中金刚捣碓的第 5 动由左挤右按变进右步双手抱缠拿法（拿对方左腕)；第 6 动，身右转加大双手抱缠拿法。这种双手缠抱捌腕法在其他著作中是没有的。

《实用拳法》中第一路第二个金刚捣碓，落势是左手握拳在下，右手为掌在左拳上方，这与《陈说》中上步七星势末尾金刚捣碓形同。

《陈说》中又将金刚捣碓一式取名"护心拳"。

（二）懒扎衣

"懒扎衣"之名原出自戚继光《纪效全书》中的《拳经》卷，是形象比喻型的。其拳姿为右手高举，眼向左视，左手在左后。在拳经三十二势中，懒扎衣是一个开门势，也就是与对方交手时的预备动作，其形象如撩衣紧带。"懒"字是欲体现沉着不慌的神态。陈式太极拳借用此式名，但练法不同，其最后一动是右弓步，右手向右开，左手位于胸口处（《陈说》中是"左手岔住腰"）。现在有些陈式太极拳的书仍用"懒扎衣"之名，如《世传陈式太极拳》《陈式太极拳》等。因为其形象并不像戚继光《拳经》中的懒扎衣，所以人们不断地在更改式名。《陈说》中称此式为"揽擦衣"，并讲："何为揽擦衣？揽者如手揽物，擦者如手挨着衣者上衣，形如以左手揽物挨着衣服。"《实用拳法》中取此式名为"拦擦衣"，并讲："它的着法是从右侧接手，拦截来劲的着法。发劲迅速轻灵，擦衣而发。不是将对方揽在怀中的，因改为今名。"《实用拳法》中第一路共有 4 个"拦擦衣"，上述动作是指第一个拦擦衣的第 1 动。后面的 3 个拦擦衣都没有这样的动作，它们的共同动作是最后一动右弓步右手向右开，左手位于胸口。

《陈式太极拳》一路第三式懒扎衣第 1 动（《实用拳法》中第一个拦擦衣的第 2 动）是右手向右上侧开。经过反复试验，当对方在你右侧双手封按你右臂，你欲正旋向右上开右手是很困难的。为此，将这一动做了修改，利用以上所讲的"套筒原理"，右转体，右臂贴身顺缠化解对方的按法。

（三）六封四闭

六封四闭的主要手法是左捋和左后虚步右侧双按。《实用拳法》中一路拳有 5 个六封四闭势，第 5 个六封四闭（第七十四式）只有右收掤和左后虚步右侧双按两动，没有左捋法。可见所有的六封四闭势其共同动作是最后一动左后虚步右侧双按。

洪师所教左捋法的左手顺缠走里左弧线转到胸口，贴身加大顺缠；右臂在收肘时有下塌外碾的动作。这样捋法的作用是，将对方的左臂如同拧毛巾一样，它最能体现出陈式太极拳的特点——缠法。这种左转身左捋的手法，下盘应以马步配合。图9-1是根据陈发科先生所练六封四闭左捋法拳照所拍摄的，可以看出左手走的圈较大，向左前上提，右臂顺缠向左收，下盘是右半仆步。在上盘走大圈的情况下，下盘走右仆步加大捋法是合理的。本书一路第四十八式六封四闭左捋就是采用上盘走大圈，下盘走仆步的练法。左手（拿对方左腕）在胸口顺缠和右仆步不匹配。若走右仆步，对方略随，你就易坐地倒下。另外，在试验六封四闭的用法时，经常遇到右手和右臂被对方封按在胸右侧，而对方左手顺缠左上掤。在这种情况下，右臂无法使用下塌外碾的动作，左手只能逆缠随。而书中改用左手逆缠上引对方左手，右肘向左发肘。从用法讲，这是击对方左肘关节的拗拦肘法。这里将洪师所教的左捋法用在倒卷肱最后一动。

图9-1

经常有学生问我，六封四闭是太极拳的主要拳式之一，为什么有的门派称六封四闭，而有的门派称"如封四闭"。六封四闭是封闭前后左右上下各方，使敌无隙可入之意。早期传拳者多以口传，由于地方口音差别很大，个别式名难免讹传。有些地方将"六"读"LU"音。早年间文言中也将"六"读"LU"音。有些剧种的戏词也读"LU"音。而有些地方又将"LU"和"RU"读混。于是"六封四闭"变成了"如封似闭"。当然这只是一种猜测。

（四）单 鞭

《纪效新书》拳经三十二势中有一式是"拗单鞭"，如图9-2所示；还有一式称"一条鞭"，其形和现在太极拳中的单鞭式相似。《陈式太极拳》和《实用拳法》中的第一路拳都包含7个单鞭式，可见单鞭式是陈式太极拳的重要拳式。这里先讨论单鞭式向左运左手的动作。《陈式太极拳》中单鞭动作三为："左掌自腹前稍向右上托，即弧形向左顺缠，缠至左侧，高与肩平时，以掌根微下按。"因为书中未讲用法，对于左手为何向右上托不便妄加猜测。《实用拳法》中单鞭第4动讲："左手变逆缠，以手领肘，肘领肩走外左上弧线，斜向左前上斜角转出。"并讲这一动作用法是：用肘攻其心部，同时用左手采拿其左腕。洪师所教的单鞭练法（参考《实用拳法》中的图4-3、图4-4）正如前面讲的"以手领肘走左前上弧线"，没有肘法。本书增添了洪师所讲的"用肘攻其心部"的左肘法。

图9-2

再论向左出左脚的问题。《陈式太极拳》讲："身体微右转即向左转回。……接着重心全部移于右腿，提起左脚，身体下蹲，即以左脚跟向左虚虚贴地铲出……"《实用拳法》讲向左出左脚："身略右转。……左腿变逆缠勾起左脚尖，用左脚跟里侧贴地向左横开一大步……"这里有两点不同，一是前者向左转，后者向右转；二是前者提起左脚，后者不提。对此我们做过试验，当对方在你左侧封按你左臂时，你向左转出左脚是很困难的，或左转提左脚出步也是很困难的。

（五）掩手肱捶

《实用拳法》第四部分"陈式太极拳实用拳法式名考、动作、着法要领说明"中将套路中的拳式进行了归类。其中掩手肱捶类包括了如搬拦捶、击地捶、猿猴献果、伏虎等27个拳式。套路中即使名同为"掩手肱捶"的几个拳式，其练法也有区别。这里只讲一种典型的掩手肱捶的练法，如《实用拳法》中的第十二式。此式最后一动为以左手顺缠（拿对方左手腕）收转到胸口，右拳逆缠向正前方击发。洪师讲："陈师初教我时，左手系收在左肋旁，掌心向里；后又改为在腹部左侧，掌心顺缠侧向右后下斜角。"我认为由于对方相对于我的位置不同，右拳击出的方向也不同。由于右拳击出的方向不同，左手的位置也不同，步型也不同。如下掩手肱捶，对方在我右前侧，我右拳击向右前侧，高齐小腹，马步，左手应收至胸口。如果对方在我前方，我右拳向正前击出，左弓步，左手也应收至胸口。如果对方在我左前侧，我右拳击向左前方，左弓步，左手应收至左肋部。此式在左手收时，右拳从左臂下方击出，右拳逆缠击发有两种作用，一是右拳击对方胸部（或腹部，或肋部），二是可用右臂逆缠击对方右肘关节，所以称为掩手"肱"捶。洪师手法的微妙处在于左手顺缠拿对方手腕收至胸口时有一个向下扣腕的动作，其作用是使对方不能进肘。

"掩手肱捶"在《陈说》中名为"演手肱捶"，与现在练法有明显差别，左手不是收在胸口（或左肋），而是向前展开的（有向右按对方右肩之意）。早先"肱"字和"红"字读音同，所以至今不少书籍文章仍将此式写为"掩手红捶"。

《实用拳法》中将窝底炮一式归于掩手肱捶类。《陈式太极拳》中称此式为"窝里"，其练法与《实用拳法》中的窝底炮大体相似，最后一动为右拳顺缠右上击。《世传陈式太极拳》中的窝底炮一式最后一动是马步"右拳内旋（逆缠）向右击出，拳心向下"，这与上述二著作中的练法明显不同。

《实用拳法》没有将肘底捶归类于掩手肱捶类，而是归类于三换掌类。《陈式太极拳》和《实用拳法》中的肘底捶练法基本相同，即右手走正旋圈转至腹部左侧，左手走反旋圈转至左肩前方，右手在左肘下方。《实用拳法》中在讲该式的用法是：前后开手的基本功，双手收合的基本功。没有讲肘底捶式和三换掌式的实用拳法，只讲是练基本功，这在《实用拳法》中是例外。我将肘底捶的练法修改为"左手上托对方右臂，右拳击对方右肘"。

（六）庇身捶

《实用拳法》中第一路第十四式为十字手、第十五式为庇身捶、第十六式为背折靠、第十七式为下掩手捶，这4个式子是相连的。《陈说》《陈式太极拳》和《世传陈式太极拳》都没写十字手这个式名，是从金刚捣碓接庇身捶，但有十字手这一式的动作。

《陈说》中第十三势（式）为庇身捶，在对庇身捶的说明中将形如图9-3的拳式称为"庇身捶前半势图"，又称为"七寸靠"。意思是对方在前面按住我头，我将右脚进入对方裆中间，右肩

图9-3

向下离地只有七寸，依着对方下腹，为下一动蓄劲。接着用肩往上挑，使其飞起跌下，如图9-4所示。再下一动是假定对方以两手搂我右臂引近其身，我肩臂向外反折回击之，如图9-5所示，并称之为背折靠庇身捶后式。接下来第十四式为"指裆捶"。书中又附庇身捶后掩手捶七言俚语："右肩往后退几分，转过劲来又一捶，此捶转向小腹打，一击中的便伤人。"书中还说庇身捶又名撇身捶。

图9-4 　　　　　　　　　　　图9-5

《陈式太极拳》是将《实用拳法》中的庇身捶第1、2、3动定为庇身捶；将第4动定为背折靠。《世传陈式太极拳》是将《实用拳法》中的庇身捶、背折靠两式合称为撇身捶。《陈说》第十四式名为指裆捶，但用法却说"打小腹"，不如用下掩手捶更好。而《陈式太极拳》和《世传陈式太极拳》将此动名曰青龙出水，拳向下打，以"出水"名之似乎欠妥。《陈说》中有青龙出水这个式名，右手不是拳斜向下打，而是右掌向前上挑，手指斜向上。

《实用拳法》中的"庇身捶"和《陈式太极拳》《世传陈式太极拳》的庇身捶（含背折靠）练法相似，只是讲用法时有些差别。我认为像庇身捶、背折靠这类拳式最能体现出陈式太极拳的"理精法密"。

（七）白鹤亮翅

白鹤亮翅式名是形象比喻型的。《陈说》中此式式名为"白鹅亮翅"，落式时左后虚步，双手在胸前，手心斜相对，并讲"左手随右手"。现在各地练法大体相同，落式时左前虚步，眼看左前方，右手逆缠开向右前上斜角，左手逆缠转向左前下斜角。这样的练法与《陈说》中的练法有明显的差别。《实用拳法》中一路第 3 个白鹤亮翅，即第六十三式白鹤亮翅给出一新的练法：落式时左后虚步，眼看右前方，右手顺缠开向右前上斜角，左手逆缠转向左胯外侧，使用的是右手顺缠挤法和右肩后侧靠法。本书一路拳第六十三式采用了这种练法。

靠法是太极拳的重要技法，特别是迎门靠法（用肩前侧靠对方胸部），但在原套路中没有这种靠法，书中的白鹤亮翅分解为两动，第 1 动如同《陈说》中的白鹤亮翅，第 2 动为迎门靠法。例如：左迎门靠为左侧马步，右手逆缠转向右前上斜角，左手逆缠转向左后下斜角，其形象和原套路中的白鹤亮翅类似，只是步法有差别。

（八）搂膝拗步

带有"拗"字的拳式有斜行拗步、前蹚拗步、搂膝拗步、拗步斩手等。

为什么要研究这几个拳式？因为经常有学生问"拗"字是什么意思？简单地讲，拗是不顺的意思。《纪效新书·拳经篇》有一式名曰"拗单鞭"，参见图 9-2，其势为左手在前，右脚在前；右手在后，左脚在后。《陈说》中的斜行拗步一式，如图 9-6 所示，并讲解说："拗步者，左足西南，右足东北；右手西北，左手东南；手与足扭一势，左右手足不同方向。"《陈说》中的搂膝拗步其落式和斜行拗步相同。《实用拳法》中有一式名为"拗步斩手"，落式为左手和右脚在前（右盘步），如图 9-7 所示。这些拳式都表现为手和脚左右不顺。

图 9-6   图 9-7

现下陈式太极拳所练搂膝拗步其落式都不像《陈说》中讲的"拗步"之势，而是左弓步，双手大开，左手左脚同在左侧，右手右脚同在右侧。《陈说》中将搂膝拗步的作用说为"六封四闭"（《陈说》中没有六封四闭这一式），这也说明《陈说》中的搂膝拗步落式不像当今所练的搂膝拗步落式门户大开。

《实用拳法》中的斜行拗步和前蹚拗步落式皆左侧马步，左手左脚同在左侧，右手右脚同在右侧。《陈式太极拳》中没有搂膝拗步式名，而斜行拗步和《实用拳法》中的搂膝拗步相同。《陈式太极拳》中前蹚拗步的落式和其中的斜行拗步类似，只是左手为掌。上述讲的搂膝拗步、斜行拗步和前蹚拗步其落式都不为"拗步"。《世传陈式太极拳》一路中把《陈式太极拳》中的"初收"取名为"搂膝"，《实用拳法》中的搂膝拗步（《陈式太极拳》中的斜行拗步）取名"斜行"，前蹚拗步取名为"上三步"，式名中都没有"拗"字。

为了解释这个"拗"字，《实用拳法》讲："因我们生活中走路时，迈右步则左手向前摆动，迈左步则右手向前摆动。拳式的动作却与人的生活习惯相反，而且右或左手足一同向前，故名之为'拗步'。"这里说的是斜行拗步和前蹚拗步的脚步运行过程。《实用拳法》中第二路第五十一式倒插花第 3 动为左脚向右前，左手向左后，如图 9-8 所示。洪师将这样的行步方式称为"双手左引进兼拗步左踹法"。比较上述两种不同的行步过程，我认为后种步法称为"拗步"更恰当。

图 9-8

《陈式太极拳》中第二路第八式取名"拗步斜行"表达的应当是拳式运行过程，这就避免了落式不是"拗步"的问题。本书将斜行拗步和前蹚拗步这二式看作是表示运行过程的，练法中包含类似图 9-8 的拗步步法。

（九）左（右）插脚和左（右）蹬脚

先讲左插脚和右插脚。《陈说》和《实用拳法》把此式取名为左插脚、右插脚，《陈氏太极拳汇宗》名为左插、右插，《世传陈式太极拳》和《陈式太极拳》取名为左擦脚、右擦脚，杨式太极拳类似的动作取名为左分脚、右分脚。这几种名称都是说明动作作用的，通常脚的击法主要是蹬、踢、踹，无论是口语或是文字都不用擦、插、分。既然是说明脚的动作作用，还不如称为左弹踢、右弹踢。《陈说》中第三十一势（式）名为"踢一脚"，如图9-9所示，其练法和《实用拳法》中的左插脚基本相同。《陈说》中的左插脚和右插脚后手是收于胸口的，如图9-10、图9-11所示。

图 9-9

图 9-10

图 9-11

再讲左蹬脚和右蹬脚。《实用拳法》中的"左（右）蹬脚"在《世传陈式太极拳》中称为"左（右）蹬一根"，《陈式太极拳》中名为"蹬一根"，《陈氏太极拳汇宗》中称为"蹬一跟子"。虽名称不同，但练法基本相同。《陈说》中的"蹬一跟（根）"其练法如图9-12所示，和上述蹬一根大不相同。《陈说》中第二十七势（式）名为"中单鞭"，和《世传陈式太极拳》中的"左蹬一根"相同。

图9-12

（十）云手

《陈说》中有3个云手式，根据在套路中的先后顺序分别称为上云手、中云手和下云手。3个云手练法是一样的，是由眼看右方以右手为主运行的"右云手"式和眼看左方以左手为主运行的"左云手"式组成的。左云手和右云手与基本功中的左滑步云手及右滑步云手类似。《实用拳法》一路拳中也包含3个云手，称为上云手、中云手、下云手，三式步法不同。上云手就是前面介绍的右跟步云手，中云手和下云手与基本功中的右偏步云手及盖步云手类似，但手法和步法的配合不同，右偏步（右盖步）时，是左手正旋下弧线收，右手正旋上弧线开。《陈式太极拳》一路拳中也有3个云手式，名同为云手，练法也完全相同，与基本功中的右偏步云手相同。《陈式太极拳》二路中的第十九式和第二十一式也称为云手，在《实用拳法》中，这二式称为大红拳、小红拳。大红拳的练法和右滑步云手相同，小红拳和左滑步云手相同。《世传陈式太极拳》一路拳中有3个云手式，《陈氏太极拳汇宗》有2个云手拳式，都和本书介绍的右跟步云手相同。

基本功是培养内劲的训练，无须讲攻防招式。从练基本功的角度，云手对培养太极内劲和训练基本手法、步法是很重要的。套路中的拳式除培养内劲还要讲究攻防招式，而且一定要讲，否则就不能称其为武术套路。从用法讲，我们经过两人反复交手试验，当你处于左侧马步，对方封按你的左臂，你欲左手正旋上弧线开，同时向左跟右脚（上云手）是很困难的；当你处于左盘步（中云手）或右盘步（下云手），对方封按你左臂，你欲左手正旋上弧线开，同时向左出左脚也是很困难的；当你处于左侧马步，对方封按你左臂，你欲左手正旋上弧线开，同时走右偷步（《陈式太极拳》一路中的云手）也是很困难的。鉴于此，本书套路将云手的练法作了修改，其主要手法为双手一上一下，手心相对配合划圈运转；其主要用法为掤法和捯法；其形象如同风吹云转。就形象而言，京剧武生"起霸"中的"云手"程式就是这样运转的。

（十一）裹身鞭

《实用拳法》二路中的第二十九式为"裹身鞭"，第三十式为"右转身裹身鞭"。《陈式太极拳》名之为"左裹鞭炮"和"右裹鞭炮"。《世传陈式太极拳》名之为"里变里变"。《实用拳法》"裹身鞭"中的第1、2动与一路第十三式右转身金刚捣碓的第1、2动相同，应是从右侧接手的着法。《实用拳法》第306页讲："此系从左前方接手的着法。如从背后接手则与此不同。……因为陈式太极拳动作皆是螺旋，其作用可以应付多面。文中只根据一面讲述，倘能练得正确而又纯熟，则用时自能体会陈鑫所说的'周身上下都是拳的妙用'。""从左前方接手"可能是笔误，应当手从右侧接手。洪师这里讲了一个道理，即某些拳式可能有几种用法，文中所讲的用法只是其中的一种。裹身鞭的用法可以是解从身后搂抱；也可用于解对方从左（右）侧按我左（右）臂，我右（左）转，逆缠下收掤，而后顺缠左右外开。

裹身鞭的"裹"字是指双臂交叉合于胸前的动作；而"鞭"字是指左右同时左右外开的动作。就左右手左右外开动作，《实用拳法》中讲："同时双手变顺缠，走外下弧线，分向左右，肘向后方沉发。左拳心侧向右后上斜角。……右拳心侧向左后上斜角。"在讲用法时又讲："此动作以右后为主，攻击对方的右肋。"《陈式太极拳》中讲："双手转顺缠，向左右两侧并微向后发出捯劲。此时拳心向上，发时左手左足为主。"《世传陈式太极拳》讲："两拳一齐向上，外旋向左右两侧、向下砸。"三种练法有明显差异。

143

（十二）连环炮

《实用拳法》二路中的第八式为连环炮，分解为2动，第1动为左拳法，第2动为右掌法兼右脚扫带。《陈式太极拳》二路中的第五十八式为连环炮，并附有陈发科先生的拳照图，图中显示连环炮分解为3动，分别为左拳和右拳交替连环出击3次。王振华先生的"陈式太极长拳108式"视频中第十六式"连珠炮"，其练法为左拳和右拳交替连环出击4次。《陈式太极拳》二路中的第二十三式、二十四式、二十五式为连珠炮，该式也附有陈发科先生的拳照图，其练法是连续2次右滑进步右侧双按。

（十三）大肱拳小肱拳

《实用拳法》二路中的第二十一式为大红拳，第二十三式为小红拳，并把它们归于云手类。大红拳的动作就是基本功中的右滑步云手；小红拳的动作和大红拳左右对称，也就是左滑步云手。相应《实用拳法》中的大红拳和小红拳，《陈式太极拳》二路中的第十九式为云手，第二十一式也为云手，练法和上述大红拳和小红拳类似。《世传陈式太极拳》二路中的第十五式为"大肱拳小肱拳"，其练法和基本功中的偷步云手类似。

首先是式名问题。《实用拳法》中讲："'红拳'之名来自其他套路。""陈式太极长拳108式"拳谱中多次出现"红拳"式名。王振华先生"陈式太极长拳108式"视频中第14式"左、右红拳"，是左、右肘法；第20式"小红拳烈火攒心"，是左侧马步，左手勾手在胸前，右拳前击。在太极拳界，常把拳式中的"肱"字误写成"红"字，例如"掩手肱捶"写成"掩手红捶"、"倒卷肱"写成"倒卷红"等。至于《陈式太极拳》中用"云手"命名，可能是因该拳式手法用的是掌而不是"拳"而改之。《陈式太极拳》中还说："为了容易做好转过身来，陈发科到了北京后，为了使陈式太极拳大众化，在这一转中加入了云手及高探马两个拳式。"

经过比较，我认为用"大红拳""小红拳"作为式名不如用"大肱拳""小肱拳"更为恰当。另外，既然式名是"拳"，采用云手的练法与拳式式名不符，应当是拳法。

（十四）劈架子

《实用拳法》二路中的第三十二式为劈架子。洪师讲该式第2动："左手变逆缠为拳，走里下弧线，转到心口向左前发。"又讲："当年我学此式时，陈师教的是双逆缠，而左手为拳前开。《陈式太极拳》陈师的拳像则左手以顺缠变掌而开，与原教的相反。"《实用拳法》中讲该式要点为："上撩的左拳应配合左脚尖踏地的时间，但只用左前臂上转，肘沉下。""左前臂上转，肘沉下"应是顺缠（图9-13）。"陈式太极长拳108式"中第十式名为"抛架子"。从王振华先生的视频可见，该式包含左右二式，其左式和陈发科先生的劈架子拳势相同，其右式和左式左右对称。《世传陈式太极拳》称该式为"披架子"，练法和《陈式太极拳》中的劈架子相同。

图9-13

（十五）回头当门炮

《陈式太极拳》中的第二路第五十九式为"玉女穿梭"，此式在《实用拳法》中为第二路第五十三式，称为"左变式打桩"。《陈式太极拳》第二路第六十式为"回头当门炮"，在《实用拳法》中为第二路第五十四式，称为"左回头当门炮"。此式的步法和眼法都没变，与"回头"二字不符。实际上"回头"是在"玉女穿梭"一式完成的（《实用拳法》中的"左变式打桩"）。《陈式太极拳》中第二路第六十式为"回头当门炮"（《实用拳法》中第二路第五十七式"右回头当门炮"）也存在一个并没有"回头"动作的问题。

以上较详细地介绍了 15 种拳式的演变。对于没有详细研读过有关太极拳著作的读者，可能感到迷茫。《世传陈式太极拳》前言中称陈长兴（1771—1853 年）拳架为老架，陈发科（1888—1957 年）拳架为新架，书中太极拳一路和太极拳二路都标明为"陈式老架"，即陈长兴架。如果真是这样，现在从《世传陈式太极拳》选出几个和陈发科拳架中式名相同、练法相同的拳式，这应当是新架中保留的老架，来和陈鑫（1849—1929 年）所著《陈式太极拳图说》中同名拳式比较，简述如下。

1. 掩手肱捶

老架：左弓步，左手收于左胁侧，右拳向右前发出。陈鑫架：左弓步，"前手是左手展开"（不是收于左胁），"在后是右手"向前发出，即右拳在左掌后面。

2. 白鹤亮翅

老架：左前虚步，左掌在左髋前，右掌在头右侧。陈鑫架：左后虚步，双手在胸前。

3. 斜行（斜行拗步、搂膝拗步）

老架：左弓步，右手在右前侧，左勾手在左前侧。陈鑫架："手与足扭一势，左右手足不同方向"，参见图 9-6 所示。

4. 青龙出水

老架：马步，右拳向右下发出，左手在左腹侧。陈鑫架：右前虚步，右手向前展开，"束住指"，左手在左腹侧。

5. （右）蹬一根

老架：左右拳向左右展开，右脚向右侧蹬出。陈鑫架：参见图 9-12 所示。

《陈说》中还画有此式用法图：甲（用蹬一根者）以左脚踢乙，乙以右手抓住甲左脚踝；甲翻转身双手按地，右脚贴左腿向后蹬乙右手。（图9-14）

图9-14

以上5个拳式，新老架是相同的，却与陈鑫架差别甚大。陈鑫虽非陈长兴直系，但陈长兴是陈氏最具代表性的太极拳传人。有人会问：陈鑫幼儿时陈长兴还在，童年、青年时所见所学应当不会与陈长兴架有那么大的差异，是陈鑫将拳架改了吗？这个问题留给读者思考。

十、拳理拳法探析

在拳理方面，太极拳遵照中华古典哲学——《易学》的阳阴理论。阳阴理论是太极拳的理论基础。用易理指导太极拳无可厚非，但过于笼统。近些年来，已有不少人开始从人体科学、力学等方面来研究太极拳。现代太极拳文章、书籍中常出现的一些近代物理学概念，但其中有一些解释或应用不甚恰当。在这一部分，我们着重介绍一些与太极拳有关的物理学概念，以解析物理学在太极拳拳理、拳法中的应用。在太极拳界，"意、气、形"备受重视，以下也将加以解析。

（一）易理及物理学知识等基础理论

1. 易理及道家学说

以上曾讲过，"太极"一词源于《易传·系辞上》，以"太极"名拳起自何时无从考证。较早者，王宗岳所著《太极拳论》中，开篇有句曰："太极者，无极而生，动静之机，阴阳之母。""一阴一阳谓之道"是《系辞》哲理的重要论点，认为阴阳相互交替作用是宇宙的根本规律。太极拳将行拳中的刚柔、收放、进退等都以阴阳交替转换理论来解释。太极拳强调柔，强调以柔克刚，是老子的思想。《老子》中讲："天下之至柔，驰骋天下之至坚。"就是说柔弱胜刚强是自然之理。

2. 有关的物理学知识

在解析太极拳原理时，经典的太极拳著作大多只讲到哲学层次，即阴阳理论。太极拳要进入科学殿堂，只讲阴阳是不够的，应当用近代科学，例如物理学、生物力学等来解释微妙的太极现象。当代太极拳界已不停步于阴阳理论，许多文章和书籍中常用到一些近代物理学的概念与原理，但其中一些说法往往不确切或使用物理学概念不当。下面采用通俗（避开高等数学）的语言讲解这类问题，一是纠正某些错误，二是引起大家的重视并作进一步的研究。

(1) 力

使物体发生形变或改变物体运动状态的一种机械作用，称为力。物理学中常提到的力有摩擦力、弹力、重力、内应力、外应力等。人体运动是神经系统、肌肉系统、骨骼系统协同产生的外在机械力的结果，这是运动生物力学研究的范畴。力学中没有劲的概念。我认为无论劳作或练习武术，人们所说的劲就是指人体发出的力，用以区别机械发出的力。

有位学生问我："有人在一篇太极拳文章中称他所发出的力不是力量之力，是速度之力。什么样的力是速度之力？"为了解除对力的误解，以下简单地讲解一下力及其有关的几个物理量。在物理学中，力定义为质量与加速度的乘积，用公式表示为：$F=ma$。其中 F 表示力，m 表示质量，a 表示加速度。加速度不是速度而是速度对时间的变化率，这是机械力的定义。人体发出的力很难直接用这样的公式表达，但其效果可以用相当的机械力来表达、来测度。

我们介绍一个称为"急动度"的量。加速度对时间的变化率就是加加速度，称加加速度为"急动度"。加加速度是运动物体所受的力随时间改变而产生的。当人体受到的外力随时间而增大时，就会产生一种让人难以忍受的感觉，称为"急动度效应"。例如：汽车突然启动时，乘车人的那种感受就是急动度效应。如果甲用双手推乙，爆发力强大，使乙产生加加速度运动，乙就会有急动度反应。

(2) 动量和冲量

太极拳交手有时产生碰撞现象，这种现象与动量和冲量两个物理量有关。动量的定义是质量与速度的乘积，公式为：$P=mv$。其中 P 表示动量，m 表示质量，v 表示速度。

冲量的定义为力与力的作用时间的乘积，公式为：$I=ft$。其中 I 表示冲量，f

表示力，t表示力的作用时间。

动量对时间的变化率就是物体所受的外力，可见力、动量、冲量这3个物理量是有关的。

你出拳击打对方，其效果与冲量的大小有关。可能有人认为速度快，力量就大。实际上，速度快是动量大，而非力量大。动量对时间的变化率才是力，也就是说动量对时间的变化率大，力才大。

有这样一种太极现象，甲是一具有太极功夫的人，乙是练外家拳的人。用仪器测试，乙冲拳的力量略大于甲。甲和乙用同样方式击打丙的胸部，丙会觉得甲冲拳更有渗透力。这是为什么呢？我们先举一劳作例子，双手抡起一重锤击打一石条，欲击碎之。如果锤的柄是无弹性的金属制的，效果差；如果锤的柄是具有弹性的白蜡杆，效果就好得多。这是因为锤柄若有弹性，当锤受到石条的反作用力时会减缓这种反作用力，使得增大了击打石条力的作用时间，也就是增大了冲量。具有太极功夫的人，出拳时臂的弹性好，整身协调性好，尤其是陈式太极拳，冲拳时逆缠螺旋前进，增大了力的作用时间，增大了冲量。

(3) 向心力和离心力

现在不少练太极拳的人称向胸口收手的力为向心力，手从胸口向外开的力为离心力，并且误认为这就是应用了力学。这种字面意义上的向心力和离心力，不是近代物理学中向心力、离心力的概念。将物理学中的向心力、离心力简单地叙述如下：牛顿运动学第一定律认为一个物体如果不受外力作用，那么它将保持静止或匀速直线运动不变。做曲线运动（包括圆周运动）是物体改变了匀速直线运动状态，这是因为它受到外力的作用，这种外力就称为向心力。离心力是向心力的反作用力。月球绕地球做圆周运动就是因为地球对月球的引力，这种引力就是向心力，其反作用力就是月球对地球的离心力。向心力、离心力是物理学中的基本概念，如果不恰当地随意用在太极拳上容易引起误解。

(4) 力偶

作用在同一刚体上大小相等方向相反且不在一条直线上的一对力称为力偶。力偶的作用是使受力的刚体转动。两个力的作用点连线的距离称为力偶臂。力偶的大小就是力乘力偶臂。如图10-1所示，F和F′表示力，d表示力偶臂。

实际上，拳法中的许多摔法是符合力偶作用原理的，力偶值越大越容易将对方摔倒。为了增大力偶值，除去增大力量外，要尽量增长力偶臂。

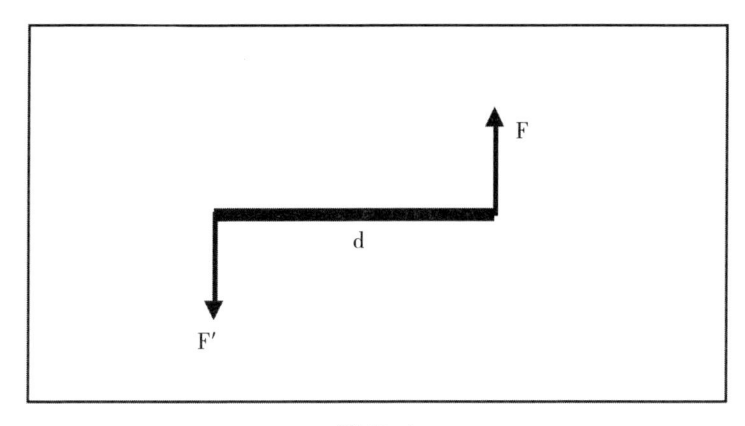

图 10-1

(5) 重心

万有引力定律指出，两个质点之间存在引力，引力的大小与两质点的质量乘积成正比，与两质点的距离平方成反比，方向是沿两质点的连线。地球对物体的引力可看成是地球的质量集中在地球的中心点对该物体的引力，为简便就称为地心引力。地球上的物体受地心的引力也相当于该物体的质量集中到该物体的某点所受地心的引力，这一点就是该物体的重心。一个质量均匀分布的有规则的几何体，其重心就是其几何中心。人体是一个形状复杂的有机体，而且运动过程中人体形状在不断变化，所以人体重心很难说固定在哪一点。人体重心所受地心引力方向指向地心，或者说垂直地面。

重心是近代力学概念，在早先（例如民国前）的太极拳文献中没有出现重心一词。在当代太极拳文献中，重心是经常被使用的概念。关于重心的有些提法虽然可以理解，但不太确切，例如"重心移出体外""失掉重心"等。在讲解人体的稳定性时，为了方便，我们将从人体重心指向地心的直线与地面的交点称为重心投影。重心位置随体形的变化而移动，当两脚着地时（盘步例外），两脚脚尖连线、两脚脚跟连线及两脚脚底面外侧围成的四边形构成了人体的支面。重心投影应在这个支面上。否则，人体就会倾倒。如图 10-2 示意，假定图中四边形 ABCD 为支面，倾斜线段表示人体中轴线，M 表示人体重心。当人体倾斜相同的角度，重心低时，重心投影在支面内，人体不会倾倒，如（1）所示；重心高时，重心投影易落于支面之外，人体会倾倒，如（2）所示；当支面小时，重心投影易落于支面之外，人体会倾倒，如（3）所示。

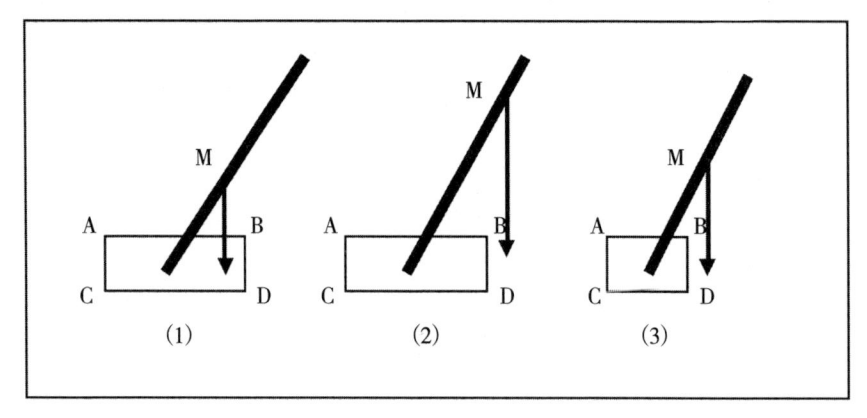

图10-2

为稳定，或尽量降低重心，例如下蹲；或增大支面，例如加大步幅。但这样又不利于灵活地移动。为既稳定又移动灵活，就须在运动中正确地、不断地改变体形和步法，这也就是太极拳中强调的"虚实转换"问题。所谓破坏对方的平衡，就是要迫使对方的重心投影移出其支面。就自身而言，"身法中正"有利于稳定。另一方面，人体的形变可以改变重心的位置。当身体受到外力时，为了不至于倒地，通常人们会前倾后仰或侧歪，以保持重心投影在支面内，但是如果身体过于倾斜，由图10-2可以看出，即使没有倒地，重心投影也已处于支面边沿，也就是几乎要倒地。在身体受到外力时，陈式太极拳转体使身体呈螺旋形，能保持重心投影尽量接近支面的中心位置。例如：甲马步站立，乙从甲正面推其胸部，如果甲后仰，则很容易向后倒地；如果甲或左或右转体，如向右转体，左膝逆缠下沉，右膝顺缠上提，眼看左侧，躯干中心线垂直地面，身体呈螺旋形，这样既掤化了乙的推力，又不至于因为身体倾斜而使身体重心投影移出支面。

独立步，例如右独立步，支面就是右脚底下的地面部分，为了使重心投影落于支面，就必须调整身形，右肩向右侧倾斜，或者右胯向右侧凸。有人讲过这样一个故事，在一次聚会上，孙式太极拳创始人孙禄堂先生给大家表演了一个绝技，将身体的一侧，如右侧（包括右腿外侧），与垂直的墙面相贴，能将左脚提起，呈右独立步。你相信吗？不妨一试。

(6) 气场和电磁场

为什么要讲气场、电场、磁场？经常有学生问我："听说有人练太极拳能练出强大的气场、电场、磁场，并可用这三场打人。这样的三场是怎么练出来的？"物理学中的"场"是指物体之间发生作用的介质。地球周围有引力场、磁力场，还有大气形成的气压场。

武禹襄的"敷盖对吞"讲能用自己的气盖住对方，吞入对方。意思就是他周围有一个强大的气场。当代有的人讲练出的气场能打人，这种气场是否存在既无理论依据，也无实验数据，令人怀疑。物理学中不存在这种能打人的气场，除非是大风可将人刮倒。

一个带电体，不计它的质量和体积，只计它的带电量，例如为 Q，在其周围任意给定的一点放一电荷 q，他会受到一个力 F 的作用。位置不同，电荷大小不同，作用力也不同。这样的物理现象就说 Q 周围有一个电场。电场只会对带电体产生作用，对非带电体是不起作用的。

一块天然磁石对周围铁块的吸引力就是磁力，也就是说磁石周围有一个磁场。通电的导线对周围运动的电荷也存在这样的磁力，我们就说通电导线周围有一个磁场。一个人在某些环境中体内可能存在静电荷，或者存在电流。如果是这样，那么他周围就会有电场或者磁场。人个体有差异，所形成的电场、磁场的强度就会有大小。不排除这样的可能，通过练某种功法可以增强自身周围的电场强度、磁场强度，但是要注意到，电场力、磁场力只对电荷、运动的电荷起作用，对人体也可能产生某种生理作用，但要能强大到击打人体的作用是不可能的。

（二）缠法功能解

前面本书介绍了为了培养缠丝劲的基本功，而这里主要解析练习这些基本功的效果。

1. 套筒原理

身体的左右旋转是以腰为轴，以双腿的顺逆缠法相配合而完成的。想象有一固定在地面且垂直地面的圆柱，外面套有一圆筒，如果从水平方向加在套筒上一力，只要不是正好指向圆柱中心，那么圆筒就会转动，将来力引向圆筒圆面的切线方向，如图10-3所示。我们姑且将这种现象称之为"套筒原理"。当

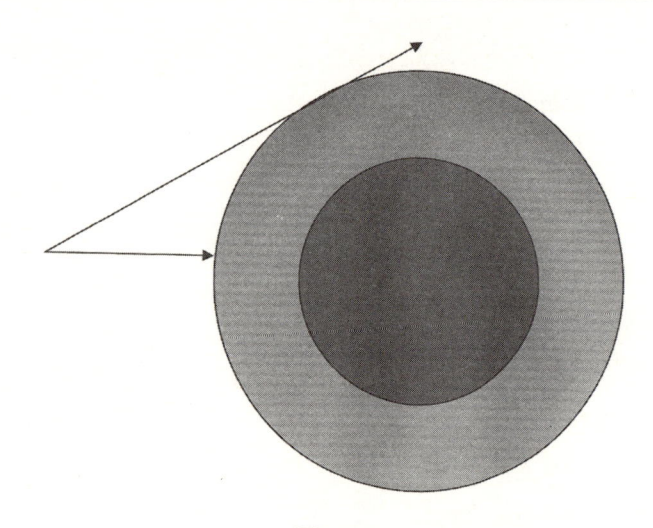

图 10-3

然，人体是有生命的有机体，在受到外力后其运动极其复杂，尤其是陈式太极拳身体的左右旋转，是将身体旋转成螺旋形。套筒原理只是一个便于理解的简单机械模型。

假定乙用双手推按甲胸部（图 10-4），甲向右转体，就可化解乙的来力且使乙向前倾倒（图 10-5），这就是套筒原理。一路拳第二式懒扎衣第 1 动其用法就符合套筒原理。人体的转动要比一个机械套筒复杂得多，不像机械套筒那样整个套筒转向同一方向。常有这种情况，腰向右（左）转时，头向左（右）转，使身体成螺旋形。

图 10-4 　　　　　　　　　　图 10-5

2. 旋轮线原理

假定我与对方手臂相接触，利用手臂顺逆缠法的自转再加上手臂或收或放的公转，可增大收放的距离。这可用旋轮线原理给以解释，如图 10-6 所示。图中设圆轮的半径为 r，圆轮在平面上向右方顺时针滚动，当滚动一周时，将点 M 移动的轨迹弧线 AB 为旋轮线一拱，其长度为 8r（高等数学中有证明）。这说明当我和对方手臂相接触时，如果只是"公转"，而无"自转"（缠法），那么我移动的距离和对方移动的距离是相同的；如果我手臂自转加公转，那么我移动较小的距离就会迫使对方移动较大的距离。这里还要说明一点，当我与对方手臂相接触时，要粘住，不能滑动。

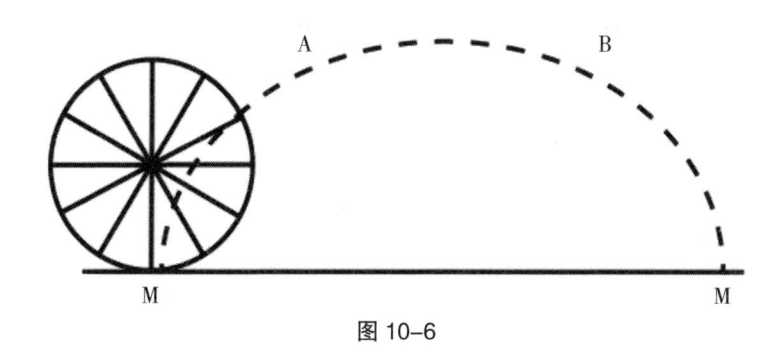

图 10-6

3. 腿部缠法功能

在介绍步法时，本书已讲到套法与衬法。当成顺步衬步之势时，可用顺缠外掤法使对方倒地（图 10-7）。当成套步之势时，可用顺缠收脚（扫带）使对方倒地（图 10-8、图 10-9）；也可用逆缠收脚（勾带）使对方倒地（图 10-10）。这些腿法是否能成功，取决于腿部的缠丝劲。特别是勾带法，脚踝要有良好的缠丝劲。盘步练习，对腿部和脚踝部的缠丝劲培育能起到很好的作用。

图 10-7

图 10-8

图 10-9

图 10-10

（三）形、意、气解

形、意、气是太极拳的三大要素。

1. 形

形是指动作、姿势。有位从陈发科先生学过太极拳的前辈曾著文提到"陈（发科）老师常说练陈式太极拳，姿势很重要，姿势不正确练多少年也练不出陈式太极这种内劲"。可见一代太极拳宗师陈发科先生是重视形的。洪师经常给我们讲起，陈发科先生一再强调："这套拳无一动作是空的，都是有用的着法。"《陈说》中讲："练拳时无人当有人，交手时有人若无人。"洪师也常说："怎么用就怎么练。"这里讲的"着法"和"用"显然指的是"形"。

洪师所传授的陈式太极拳一路和二路是在陈发科先生所传授套路的基础上做了某些改动。套路中的每一式、每一动都有明确的攻防含义。洪师又将练拳时应该特别注意的地方，着重加以强调。几个要点是：放松慢练、走足缠法、身法中正、虚领顶劲、松肩沉肘、尾骨略后翻、裆要开圆、下塌外碾、肘不离肋、前发后踏、进步要柔、退步要刚等。

2. 意

人们在运动时，肢体是受神经系统支配的。所谓"意"，或者"意念"，也就是运动过程中大脑的思维活动，也就是说运动中肢体的"形"是在"意"的指导下完成的。不只是太极拳，其他竞技体育项目也是讲究意念的，只不过太极拳比其他体育项目更加强调意念而已。那么练陈式太极拳怎样用意？我认为练拳时，要时时想着那些要领，也要想着用的什么招法，即"无人当有人"，这也就是"要按规矩"练。有人说练拳时，不要老想着招法，要练内劲。练内劲确实重要。两人交手时，内劲比招法重要，你的内劲比不上对方，什么招法也用不上。洪师与人试手，一触即将人发出的事例很多。这里举两个例子。1962年，一位练过其他拳术的学生为验证洪师的功夫，到洪师住处，进门便突然用右拳向洪师进攻，洪师抬右手迎之，一触对方右腕外侧，便将对方发出丈余。洪师八十多岁以后，腿有些不灵便，出门时常坐在轮椅上。有一次，洪师坐在轮椅上由学生推着参加一个聚会，有一非常壮实的青年人热情地和老师打招呼，并将双手按于老师手背，说时迟，那时快，老师手一扬，这位年轻人便仰跌出去。大家不要误解，洪师这样做不是想伤害这位年轻人，只是为聚会增添点欢乐气氛。看来只要练就强大的内劲与人交手用不着什么招法。问题是内劲是什么？是如何练出来的？洪师认为陈式太极拳的内劲就是缠丝劲，而我认为练内劲主要还得靠练套路。练套路要着意于"松慢圆缠"，而"松慢圆缠"又是蕴含在套路招法中的。一个经典的套路，其中的招法是一代一代人们经过不断实践、不断改进的产物。练拳时，时时留意将拳式做正确，既能培育良好的内劲，也能掌握熟练的招法。意念招法与练内劲并不矛盾，但不能用僵硬的拙力，"松慢圆缠"是首要的。

太极拳界有句名言"用意不用力"。练拳时用意不用力，就是要放松慢练，时时想着练拳要领，不用拙力。《陈说》中讲："每打一势，缓缓运行，默默而止，唯以意思运行。"有人说在与人交手时，不用力，用意念打人。"意念"是大脑思维活动。交手时来不及用大脑思维，是一种本能反应。练拳者与不练拳者本能反应是不同的。例如：甲是一位练拳有功夫的人，当有人拿刀向他砍来时，他会在躲闪的同时拿对方握刀的手腕；乙是没有练过拳的人，遇到这种情形他的自然反应是用手去挡刀。不练拳者的本能反应是"先天自然之能，非关学力而有所为"（引自《王论》）；练拳者的本能反应是练拳培养出来的。"练拳时无人当有人，交手时有人若无人"，就是讲明这样一个道理：练拳要用意，交手并无意。"遭著何处何处击，我亦不知玄又玄"（引自《陈说》）。

3. 气

太极拳中气的概念有物质和精神的双重性。人呼吸的气是物质的。气还有精神方面，例如"气概""气势""浩然正气"等。就气的物质性而论，人的呼吸在通常情况下是无意识的，也称为自然呼吸。有时也可以有意识地做某些特别的呼吸方式，例如深呼吸、腹式呼吸（也称逆式呼吸）。陈发科先生和洪均生老师都主张练拳采用自然呼吸。

精神意义的气在太极拳中甚为重要。《陈说》中多次强调打太极拳要有浩然正气，要威而不猛。我认为，打拳时在气势上要外柔内刚。在与人交手时，不光在形上，在气势上也要不丢不顶。无论自己练拳或者与人交手，都既不要气势汹汹，也不能萎靡不振。

十一、洪传太极拳要点分析

多年来，在指导学生练陈式太极拳时，发现了几个最易犯的错误。例如：练拳速度过快、手臂僵硬、肘部外撑、耸肩、尖裆等。为避免犯这类错误，介绍几个练拳的要点，即松慢圆缠、下塌外碾、肘不离肋、裆要开圆、松肩沉肘、前发后塌等。为什么把这些作为练拳要点呢？下面将对这些练拳要点进行分析，以说明它们的重要性。

（一）松慢圆缠

"松慢圆"的练拳方法是太极拳与其他拳种的根本区别。为什么要放松？松是太极拳的核心。所有体育项目在某些时候都要求放松，但没有哪个项目像太极拳一样强调放松，把放松放到第一位，把放松作为核心。这里将运动作如下的比喻：把人体分为几个部分，脑是司令，神经是通信员，肌肉、筋腱、骨骼是三军将士。许多搏击术强调的是练肌肉、筋腱、骨骼，例如通过踢打沙袋来增强肌肉的力量、用木棍击打身体来增强抗击打能力等。太极拳放松练拳比起绷紧肌肉用力加速的练法更有利于培育人体各部分的协调能力及身体对外界的敏感反应，《王论》中讲的"一羽不能加，蝇虫不能落"就是形容身体对外界的敏感反应。所谓全身协调，就是神经反应敏感，大脑指挥准确，各部位肌肉、肌腱协调一致。人体的肌肉有 600 多块，如果身体僵硬，不能协调一致，就产生内耗。例如"掩手肱捶"一式，左弓步的右脚蹬地的力量，腰左转的力量，肩部、臂部的力量要整合到一起传到拳面。就技击中的防守而论，太极拳强调的不是抗击打能力，而是粘住对方，控制住对方，使对方难以发力。也就是说，强调的是"化"，而不是"抗"。

放松的练拳方法也能练得筋腱富有弹性，柔中有刚，特别是陈式太极拳拳法强调缠丝劲、缠法，更有利于筋腱的锻炼。我们经常做这方面的试验，有一定太极功夫的人，用手腕或者肘弯或者腋部夹住对方的手臂，若对方只是有力但并非有太极功夫的人，那么他只凭拙力是不容易挣脱的。

为什么要慢练？一是慢练有利于把动作做正确，把动作做到位。二是慢练有利于放松。《陈说》中在描述"揽擦衣"一式时讲："向右徐徐而发，越慢越好。"不像有人认为的陈式太极拳特点是快。

练拳讲"圆"，主要是指手臂运行的路线多是弧线。手臂弧线运行有利于放松。从技击方面讲，手臂弧线运行可避免顶劲。另外，就人体的中下盘而论，也有"圆"的问题。例如练拳特别强调"裆要开圆"。

从技法讲，太极拳强调以柔克刚，强调不丢不顶，这就是练拳强调手臂走弧线、行拳要圆转的原因（关于"缠"的意义，前面已经做过介绍）。

（二）下塌外碾

有位太极拳界权威人士在济南做报告，多次提到与洪师交往印象最深的就是洪师拳法中下塌外碾的着法。挒法的前手要用下塌外碾的着法，使用的是缠法和缠丝劲。以右挒法为例，左手拿对方左手腕顺缠，右手掌根节或前臂搭在对方肘关节处，左手加大顺缠使对方肘关节翻转向上，右手先逆缠后顺缠走下前弧线，这就是下塌外碾的手法。运用下塌外碾的挒法极易伤及对方肘关节，拳友之间试验要点到为止。捋法也用下塌外碾的手法。如何化解对方如拧毛巾一样的捋法？例如：左臂被捋，被捋之左前臂及手部加大逆缠，上臂部顺缠，如同被拧的毛巾，左手逆缠时用手指点击对方腰部可使对方倒地。这样化解的难度就在于手部逆缠而上臂顺缠。很多人都见过洪师运用这样的化解捋法，但很少有人能做得那样完美。我认为所谓手部逆缠、上臂部顺缠，是在外力作用下形成的。如果没有外力，任何人是做不到的，但即使在外力作用下，你放松得不够、缠丝劲功夫不深也做不到。所以，归根到底还是松和缠丝劲的功力问题。

（三）肘不离肋

洪师非常重视肘不离肋这一要点。例如《实用拳法》中详解一路拳时至少有19处提到肘不离肋、肘要贴肋。

这里说肘不离肋、肘要贴肋，并不是说所有动作都肘不离肋，而是告诫练拳者许多应当肘不离肋的地方最易犯错，要特别注意。有人说，强调肘不离肋，会造成两臂夹紧的毛病。肘不离肋不是要两臂夹紧，而是如《陈说》中提到的"两臂像挂在肩上一样"，是放松地不离肋。

下面举例说明肘不离肋的重要性。一路拳第十三式右转身金刚捣碓第2动转第3动时，先收右肘贴肋，然后右手经颔下以手领肘向右前斜角转出（右手采法）。如不沉肘贴肋，就会出现顶劲。有人说像这样的动作，肘贴肋容易被对方发劲击打肋部。恰恰相反，如果肘离开肋，更易遭到击打。例如你将右臂横在右侧，肘离开肋部，对方双手按在你前臂外侧发力，如果此时你收肘，你的肋部就会遭到撞击；如果此时你硬撑肘，你就会被发出去。如果肘不离肋，当对方发力时，你的臂和躯干成为一体，会很自然地转体化解。再举用步枪射击的例子来说明同样的道理。当用步枪射击时，枪托一定要抵住肩部。这样当枪托后坐时，你的肩部会与枪托同时后退化解枪托的后坐力。射击时若枪托离开肩部，就会遭到枪托的撞击。

（四）裆要开圆

有人问："怎样才算裆开圆？怎样才能裆开圆？为什么要裆开圆？"怎样才算裆开圆？做个形象的比喻，在站立马步时裆部就如同马鞍的形状，相反就是所谓的"人"字形裆。要将裆部开圆，大腿根内侧的大筋要松，尾骨略后翻也是裆部开圆的必要条件，但是决不能膝盖外翻。不只是马步，就是弓步、虚步也要求裆开圆。洪师练拳时特别重视裆部开圆，其实这也是传统陈式太极拳的要求。《陈说》所绘制的拳式图，如"揽擦衣"的右弓步、"肘底看拳"的左虚步、"掩手捶"的左弓步、"抱头推山"的马步等类似的步型，都不厌其烦地注明"裆要开圆"。如何练呢？太极拳一般不主张硬拉大腿根内侧大筋的训练方法，只要求在打拳时有裆开圆的意念。《陈说》讲："两大腿根要开。开不在大小，即一丝之微亦算得开。盖心意一开，裆即开矣。不会开裆者腿虽岔三尺宽，不开仍然不开。"裆开圆有利于稳定，也有利于动作的转换。

（五）松肩沉肘

　　《陈说》中许多拳式图都注有类似于"松肩"的文字，如"肩压下，不可上翻""前肩后肩塌下""肩沉下，勿上架"和"肩要松下"等。松是太极拳的核心。练拳时要整身放松，其中肩部的放松尤其重要。常听有人说："和老师试手，总觉得老师手长。"甲、乙交手时，乙总觉得甲的手长，重要的原因之一就是甲的肩部比乙放松得好，当然还有一个整身协调配合的问题。

　　沉肘有利于臂部和肩部的放松。如果肘部外撑，上臂和肩自然僵硬。另外，沉肘也能起到对肋部的保护作用。正是因为沉肘的重要性，陈鑫在其著作《陈式太极拳图说》中的许多拳式都不厌其烦地注明要沉肘。

（六）前发后塌

　　有许多拳式，手侧向发劲，这时裆劲要塌下，后腿膝部要下垂。例如六封四闭和双推手的最后一动，双手向右侧发劲，虽用的是左后虚步，脚跟提起，但脚尖点地要有力，膝部要下垂，当然还要有整身的协调配合。又如以上两式，双手前推发力时要向右转体，裆要开圆。再如一路拳第二十六式进步掩手肱捶，发右拳，右脚在前，左脚在后，左腿要弓膝塌劲。之所以将"前发后塌"作为要点，是因为练拳时容易犯错，例如六封四闭右侧双按时，易犯身体向右侧前倾，后面的左脚全虚（拔根）的错误。单鞭的最后一动是左弓步左手前推，揽扎衣最后一动是右弓步右手前推。即是这样的拳式，裆劲也要踏好，身体不能前倾，后脚不能"拔根"。

十二、陈式太极拳拳法特点

太极拳的行拳特点是"松慢圆"，离开了"松慢圆"，就非太极拳。太极拳各门派又各有自己的特点。那么陈式太极拳的特点是什么呢？所谓陈式太极拳的特点，是与其他门派太极拳相比较而论的。陈式太极拳特点就是陈鑫先生所说的"太极拳，缠法也。"《陈说》中关于缠法的论述，以上已经介绍。

下面主要介绍洪均生老师对某些所谓的陈式太极拳特点的评论。

1. 有人将行拳时动作"快慢相间"作为陈式太极拳的一大特点。洪师认为快慢相间应是整套的练法，可整套快，也可整套慢，但不应是一个式子中的动作忽快忽慢。这里需要解释一下，我们一直强调慢练，怎么又说"可整套快"呢？快与慢是相对的，不同的人或同一人在不同的时间，打拳也会有时快些、有时慢些。

不少人认为，陈式太极拳与其他门派的区别就是快和发劲。洪师认为，陈式太极拳理论是以阴阳互动学说为依据；其动作以矛盾对立统一为法则；其正确与否是用缠法为标尺，而不是只外形的快和发劲来表现陈式与他式的区别。陈式太极拳某些拳式，例如掩手肱捶，确实有加速发劲的动作，意欲培育爆发力，但不要忘记，太极拳与其他拳种相比较，在练法上的根本区别在于太极拳强调"松慢圆"。我认为练陈式太极拳相对快些或带有发劲的动作不是不可以，但如果将其作为特点，会引导人们追求快和发劲，而脱离了太极拳"松慢圆"的轨道。

2. 洪师对"松活弹抖""弹抖劲"等提法，也有不同见解。洪师曾讲："如今练太极拳者，多讲弹抖劲，其实太极动作处，都相当于机器大小轮子配合旋转，发劲是加快速度，绝非弹抖。"这也就是《王论》中的"立如平准，活似车轮"之说。

可能有人认为在发劲时既放松又加速，形似弹簧，所以称为"松活弹抖"。即使这样，为了能发出"弹抖劲"，练拳时故意地抖动，就有点画蛇添足了。

洪师曾提到过"崩炸劲"。即使打拳时不加速发劲、不弹抖，只要"松慢圆缠"，也能练出这种"崩炸劲"。《陈说》中讲："每打一势，轻轻运行，默默停止，惟以意思运行。"看来并不是提倡"快慢相间"和"弹抖"。

163

3. 有文章提到"殊不知凡属内家拳的途径均是由刚入柔再入化"。洪师认为："陈式太极由柔而刚，不是由刚入柔。"有文章写道："头趟动作……柔多刚少。二趟动作……刚多柔少。"洪师评论道："一路（头趟）拳柔多刚少，二路（二趟）拳刚多柔少，违反刚柔相济的原则。""如陈鑫说的'互阴互阳'，不是'多少'。"

4. 洪师也不同意"虚实分清"的提法。《王论》中讲："粘即是走，走即是粘，阳不离阴，阴不离阳。阴阳相济，方为懂劲。"虚实应符合阴阳对立统一规律。

5. 洪师对"一身备五弓"的看法是："太极有'一身备五弓'的句子，但只能形容劲的蓄发。太极拳动作如机器轮旋转，拳谱以车轴、车轮作比方是正确的。弓只能对拉，'一身备五弓'不合太极运动。"假定有人推我胸部，我向左或向右侧转，而身体的中心轴垂直地面不变，眼看对方，身体呈螺旋形，既化了对方的来力，将其引进落空，同时又给对方一种向侧后的力。这就是以上阐述的"套筒原理"。如"二起脚"第1动的倒后掤法，这一类动作是对方从右后侧推我右肩和右上臂，我向左转体，眼向右后看，使身体成螺旋形，也就是"收中有放"。如果身向左转而眼也向左看，就易被推向左方。对于有人推胸部的情况，有的太极拳门派是先向后仰身化，再前弓身发，确如"蓄势如开弓，发劲如放箭"之状，这就将收放分开。图12-1为洪均生老师手迹。

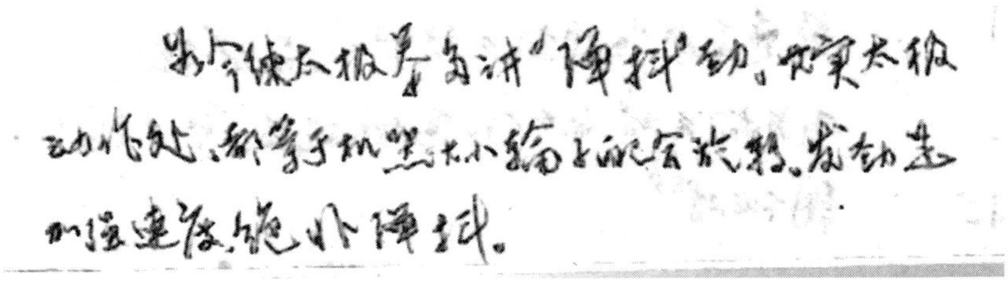

图12-1 洪老师的手迹影印件

十三、陈式太极拳技击与健身

现代大多数人学练太极拳的目是修身养性、强身健体，还有一部分人希望学练防身自卫功法，也有部分人是准备参加竞技推手比赛。要达到这样的目标，主要靠练太极拳套路及两人推手。下面将围绕陈式太极拳的技击与健身问题进行阐述。

（一）太极拳的技击意义

技击方法是武术的基本内容，套路格斗功法是武术的主要运动形式，练套路是获取技击功夫的主要途径之一。太极拳也不例外。

所有的搏击项目都离不开"踢、打、摔、拿"这四种击法。"踢、打、摔、拿"是人类的本能。武术中的"踢、打、摔、拿"是人们在搏击实践中总结出来的技巧，体现在许多"招法"中。中国传统武术套路都是由许多攻防招法组成的，太极拳也是如此，但太极拳套路有独到之处，即招法中体现为"掤、捋、挤、按、采、挒、肘、靠"，称为八法。太极拳套路与其他武术套路一样，每一式是由几个动作组成的，动作之间攻防连贯，式与式之间也大都攻防连贯。就中国传统武术而言，除演练套路外，大都通过一些如站桩、打沙袋（过去是打钉在墙上的火纸）、抖大杆等单项练习及两人对练（太极拳是两人推手）来获取技击功夫。

从陈式太极拳的套路看，目前有几种流派，且有新、老、大、小架之分。有人说这个人练得好，有人说那个人练的不对；有人说老架好，有人说新架好；有人说大架好，有人说小架好。我认为评价陈式太极拳套路主要有两个标准，一是是否体现出缠丝劲和缠法；二是每一动作的技击含义是否清楚，且动作之间是否攻防连贯。

太极拳主要通过演练套路（俗称"打太极拳"）来培育内劲和掌握招法。《陈说》中讲："拳打万遍，神理自现。"相对于通过踢打沙袋、举重等力量型训练练出强大的力量，太极拳要通过放松慢练套路练出较好的内劲需要更长的时间，所以有"太极十年不出门"之说。有些人练了一段时间太极拳后，急于和别人试手，觉得不行，就去采用踢打沙袋、举重等力量型训练，或兼练另外的拳术。洪师认为这是"舍近求远"。要在较短时间内就能练成具有强大杀伤力的格斗术，练太极拳确实不是好的选择，但如果你本来身体瘦弱或年龄偏大，就是练上几年的拳击，也未必"出得了门"，而这种类型的人练太极拳可能是更好的选择。当然，练太极拳还是那些年轻强壮者能更快地练出功夫，但另一面，练太极拳者，功夫长进较慢，其功夫消退的亦缓。一般来讲，练就太极功夫者，即便到了老年，其身上功夫较练其他拳术者尚能多存不衰。《王论》所讲"观耄耋能御众之形，快何能为"，正能说明这个问题。

太极拳训练技击方法的出发点是"以弱胜强"；其拳法是"以静制动""以柔克刚"。为此，演练太极拳套路时要求"松慢圆"。而陈式太极拳又特别强调缠丝劲和缠法，所以演练时要走足缠法。这种强调"松慢圆缠"的练法，能练得身体各部位对外力非常敏感，即所谓能"听"、能"化"；通过放松慢练可以练出雄浑的"发放"长劲及一触即发的"崩炸"劲。在与对方交手时，太极拳主张"以柔克刚"，这就须"粘连黏随"，和对方形成一体，使自己能用"听劲""化劲"的功夫控制对方，使其不宜发出劲来。

（二）太极拳的技击特点

《陈说》中讲："脚踢拳打下乘拳，妙手无处不浑然，任他四面皆是敌，此身一动悉颠连，我身无处非太极，无心成化如珠圆，遭著何处何处击，我亦不知玄又玄。"这段话最能体现出陈式太极拳的技击特点。

太极拳练拳时动作很慢，这是为了培育内劲。有人说交手时是"以慢制快"，这是不正确的。太极拳主张"以静制动"，实际上"以静制动"也就是随对方动而动，不是"以慢制快"，当然也不是"以快制慢"，而是"动急则急应，运缓则缓随"（《王论》）。有人对《王论》理解不深，认为《王论》讲的都是空话，并举例说"粘即是走，走即是粘，阴不离阳，阳不离阴"是自相矛盾。恰恰相反，阴、阳是矛盾的两个方面，是同时存在的、对立统一的。太极拳中将"虚实""刚柔""收放"等都以"阴阳"来解释。例如说"刚中有柔，柔中有刚"，也就是"阴不离阳，阳不离阴"。再说"走"和"粘"的问题，这里把"走"视为"阴"，把"粘"视为"阳"。《王论》讲："人刚我柔谓之走，我顺人背谓之粘。"走是化的意思，即对方以刚劲来进攻，我以柔劲来走化。走化的同时已形成"我顺人背"之势，产生一种"粘"劲。洪派弟子中常说"收即是放"这句话，也就是这个意思。例如：在用左捋法时，左转体，左手握对方左手腕贴身顺缠，右臂搭在对方左臂上外侧顺缠，在对方肘关节处内收，而手掌部外开，这就形成螺旋形，像拧毛巾似的。

太极拳与人交手强调的是"粘连黏随"。既然强调"粘连黏随"，就不能提倡"闪展腾挪"（不是完全拒绝）。洪传陈式太极拳套路中的每一动都是设想和对方相接触情况下而运行的。例如掩手肱捶，是左手拿对方左手腕引进，右拳前发；特别是下盘的脚法，或蹬或踢或踹，都是在上盘控制住对方的情况下运行的。

要能粘连黏随，必须用柔劲。我请你来做这样一个试验：将一个足球放在地平面，你用一只脚踏在足球上面，你若用力向下踏（刚劲），球就会转动使你滑倒。你若用柔劲向下踏，当球稍有转动时，你就会自然地随之而动而化解球的转动，动作很小，球并没离地方。这也就是粘连黏随。

将太极拳和中国其他传统武术作比较，特别是和现在的散打、拳击、跆拳道等作比较，不少人认为太极拳不适宜技击。从技击角度去比较不同的拳种，是一个很复杂的问题，这涉及到运用的场合和要达到的目的。现在，人们最常见的是竞技场上的比赛及朋友之间的切磋，敌对间的生死搏斗是很难见到的。竞技场上的比赛，有规则限制，参赛者必须根据规则去练、去用；朋友之间的切磋也会有默契或言明的条件。你让一个练中国传统摔跤的人戴上手套去参加拳击比赛，肯定不行；你若让一个练拳击的人去对付持匕首的歹徒，他也许不如一个练擒拿的人。

遇到生死搏斗的情况，从道理上讲，太极拳也可有所作为。《陈说》中有七言俚语曰："上打咽喉下打阴，中间两肋并当心，下部两臁合两膝，脑后一掌要真魂。"如套路中的"猿猴献果"是击咽喉的动作；"二起脚""指裆捶""击地捶"（原名"神仙一把抓"）等式中就有踢裆、击裆、抓裆的动作。不过，随着社会的发展，人们对太极拳的理解和实践也在演变着。现在练太极拳者，其目的主要有三：一是健身，这是主要的；二是练一些防身的能力；三是参加竞技场上的推手比赛。不像早年间，如太极世家陈氏，有的人要从军打仗，有的人做镖师，他们必须从生死搏斗的实战要求出发去练拳。现在几乎没有人把练拳的目标定在生死搏斗上，即使实战性很强的散打，也不允许那些踢裆、戳眼、击打后脑等会造成极大伤害的招法。现在的太极拳界，人们在试手时大都以"服人而不伤人"作为最高境界，不提倡"争勇斗狠"。

《王论》中讲："人不知我，我独知人。"《陈说》中讲："得势争来脉，出奇在转关。"对方以快速刚猛之力击来，我以柔劲将其引进落空，使其就像走在路上不知道前面有一凹坑，迈步踏下去的那种感觉。陈鑫所著《太极拳经谱》中有句："只觉如风，摧倒跌翻，绝妙灵境，难以言传。"也是描述被用太极功夫或借劲或截劲击倒时的感受。这里顺便说一下，《太极拳经谱》原文中没有标点，除一句"人莫知其所以言"外，皆用四字句。现在不少太极拳著作或文章引用这段文字时标点点错，写成"只觉如风摧倒，跌翻绝妙，灵境难以言传"。

（三）太极推手

推手是在练了一段时间的拳架后，对太极拳的招法有了初步体会的基础上两人对练的形式。和拳架类似，社会上流传有多种形式的推手套路。例如左（右）单推手、双推手，各又有定步、活步之分。双推手又有所谓"四正手""四隅手""大捋""乱踩花"等。因为各种不同流派对太极拳招法、内劲理解和实践有差异，推手套路也不尽相同。

推手的目的是培养和检验自己的太极功夫，不用僵劲，不要顶抗。与朋友推手，自己应当随时注意不用僵劲顶抗，但当对方使用僵劲顶抗时，不必埋怨对方。在这种情况下，如果你获胜，说明练功有成绩；如果你不胜，说明功夫还不足，还不能以柔克刚。作为平等的推手双方，一方不胜时，常埋怨对方使用顶劲，似乎不妥。作为教师可及时指出学生的错误。经验表明，两人推手时，功夫差的一方易表现出僵劲、顶劲，这不是有意的，而是在接到对方来劲时的一种本能反应。

以上所说的推手，是按照一定的套路进行的，而竞技性推手比赛，则是在一定的规则要求下自由进行的，推手比赛是比试太极功夫高低的竞技体育项目。下面介绍几种常练的推手套路。

1. 定步单推手

以右单推手为例。甲乙两人相对站立，同出右步成合步，同出右手手背相掤。甲左转体，右手逆缠按乙手；乙右转体，右手顺缠引掤。乙将甲手引至胸右侧，接着左转体，右手变逆缠按甲右手；甲右转体，右手顺缠引掤。如此循环往复。两人都走平旋圈。左单推手与右单推手左右对称。这种平旋圈单推手，可以培养手背的掤劲、粘劲及手小指一侧的挤劲。

2. 活步单推手

在定步单推手的基础上，可练习活步单推手。以右手活步单推手为例。甲乙两人可先进行定步单推手，然后引掤的一方，例如乙边引掤边退步；另一方甲随着进步。退步步数可随意，一般为三四步；进步的步数和对方退步的步数一样。接着甲退乙进，循环往复。

3. 定步双推手

注：下面图中穿浅色衣者为甲，深色衣者为乙。

①甲左腿套乙右腿，甲左侧马步，乙右侧马步，甲右手拿乙右腕，左前臂在乙右臂外上侧，两人左手手背相掤。（图13-1）

②甲右转身，右腿屈膝下塌成左半仆步，右手逆缠引乙右手腕向右上斜角旋转，高不过眼，左手顺缠向胸口方向内收肘；乙左转体，右腿弓膝，右手顺缠掤甲右手，左手顺缠掤甲左手。（图13-2）

这是甲右双采法，乙顺缠掤法。

图13-1　　　　　　　　图13-2

③甲左转成左侧马步，左手逆缠挤乙左腕，右手顺缠以掌按乙左肘关节外侧；乙右转体，右手逆缠挤甲腹部，左肘松沉，左手顺缠掤甲之左手，手指指向乙的胸前。（图13-3）

这是甲左挤右按法，乙右挤左掤法。

④乙右转体，左手拿甲左腕，右手由逆缠变顺缠绕转到甲左上臂外侧上掤甲左肘。（图13-4）

⑤乙左转体，左腿弓膝塌劲，右腿下铺，右手顺缠向左前下收肘，左手顺缠拿甲左腕转向腹部左侧；甲右手顺缠，手背掤乙之右手，左手逆缠向左下转。（图13-5）

这是乙左捋法，甲左肩靠法及左挤法。

⑥乙右转体，双手按甲右臂；甲左转体，左手逆缠挤乙腹部，右手顺缠以手背掤乙右手。（图13-6）

图13-3

图13-4

图13-5

图13-6

⑦甲左手逆缠绕转到乙右臂外侧，右手拿甲右腕（图13-7）。接着右转体变左半仆步，双手走右双采法，参见图13-2所示。

图 13-7

②～⑦动完成一个循环，其中的主要动作是甲走右双采法，乙走左捋法，其中还包括掤法、挤法、按法、靠法。

4. 活步双推手

在定步推手的基础上，进一步练习活步推手。当在定步推手进行到第5动时，如图13-5所示，乙右转身，后撤右脚，同时右手逆缠拿甲右手腕走右采法；甲左转身，进右脚衬乙之左腿，乙左前臂搭到甲右臂外侧。此时两人其势如同图13-1，不过甲乙两人更换了角色。接下来，顺势运行上述②～⑦的动作，如此反复。

（四）擒拿法及其化解和摔法应用详解

太极拳是武术的重要一支，和其他武术门派一样，其拳法离不开"踢、打、摔、拿"。这里主要介绍一些擒拿法和摔法的例子。陈式太极拳套路中包含了许多擒拿法和摔法，和其他拳术相比较，因为陈式太极拳强调缠丝劲和缠法，使得这些擒拿法和摔法更具特色。以下将套路中的某些擒拿法和摔法加以提炼，以两人对练的形式展现出来。拳友之间对练，既是一种培养太极功夫的途径，也是一种可增加学练太极拳兴趣的娱乐活动。

1. 擒拿法及其化解

(1) 金丝缠腕及化解

①金丝缠腕是一种反拿法。以右手为例。假定乙右手抓握甲右手腕，甲用左手按在乙手背上，右转体，右手顺缠扣拿乙手腕（图13-8）。这种拿法也可简称为右缠拿。

图13-8

②从金丝缠腕开始，讲解甲乙两人连续攻防转换。假定甲右缠拿乙右腕，乙右转体，右手逆缠走采法，当乙用采法化解甲缠拿时，甲进右步用野马分鬃式的挤法、靠法（图13-9、图13-10）；乙为化解甲挤法、靠法，右手顺缠拧转按甲之右手腕（图13-11）；甲用翻花舞袖式右下采并左勾带，使乙失重倒地。（图13-12、图13-13)

图13-9    图13-10

十三、陈式太极拳技击与健身

图 13-11

图 13-12    图 13-13

(2) 内侧十字折臂拿法及化解法

以右内侧十字折臂拿法为例。甲乙右前步合步右手相掤。乙使用内侧十字折臂拿法：甲右手推按乙右腕；乙右手顺缠收掤，左手拿甲右腕，右臂插到甲右臂下侧，左手拿甲右腕先向右上转，再向下转，右手向下内扣甲左前臂（图 13-14）。为化解乙的拿法，甲被拿之右手顺缠向右外引掤，左手挤乙颈部。（图 13-15）

图 13-14    图 13-15

173

(3) 扣腕折臂及化解

①甲右手拿乙右腕，用右手从乙右臂内侧拿其腕顺缠内扣，左手掌按乙右肘，双手用逆向劲（图 13-16、图 13-17），此拿法称为扣腕折臂。

②乙用扣腕折臂拿法（图 13-18）。为化解乙的拿法，甲左手拿乙右前臂前部顺缠，右臂顺缠从乙右臂上侧绕转乙右臂外侧，双手拇指扣压乙右手背向左下将带，使其失重倒地。（图 13-19、图 13-20）

图 13-16

图 13-17

图 13-18

图 13-19

图 13-20

(4) 双拇指扣压手背及化解

乙双手拇指扣压甲右手背（图 13-21）。甲右手顺缠扣腕向右肩前侧收转（图 13-22），进左脚套乙右腿，左手逆缠走外上左弧线变顺缠、走外左下弧线挤乙胸部，右手按乙腹部（图 13-23、图 13-24）。甲所用技法即是套路中的小擒打式。

图 13-21

图 13-22

图 13-23 　　　　　　　　　　　图 13-24

(5) 挎篮式拿法及化解

①以拿对方左臂为例（参考一路拳第十八式双推手）。甲左手拿乙左腕内侧逆缠使乙左腕内侧朝上，右臂从下抱缠乙左臂（图 13-25）；继而甲左手向下用力，右臂顺缠，右肘向上、向左收转，手部转向右肩前侧成反关节折臂之势（图 13-26）。此法称为右挎篮式拿法。

图 13-25 　　　　　　　　　　　图 13-26

②假定乙对甲用右挎篮式拿法（图 13-27）。为化解乙的拿法，甲左转体，左臂逆缠屈肘向上引乙左手，裆劲下塌，双手按乙胸腹部。（图 13-28）

图 13-27

图 13-28

(6) 腋部夹手折腕

以折左腕为例。乙右手拿甲右腕顺缠向内拧转，左手上托甲之右肘（图 13-29）；甲右转，右臂上举，左手按于乙左手背处沿自己右上臂滑向腋部（图 13-30）；甲左转，下塌裆劲成马步，右臂逆缠下落至右胯外侧，夹捌乙之左手。（图 13-31）

图 13-29

图 13-30

图 13-31

(7) 挎肩折臂及化解

①甲出右拳击乙，乙左手逆缠拿甲右手腕内侧（图 13-32）；甲右手顺缠屈腕收至胸右侧（夹乙左手腕引进），左手拿乙左手腕（图 13-33）；甲左手拿乙左手腕顺缠外翻，右臂夹其左臂（图 13-34），双手扣压乙左肩并折其左臂。（图 13-35）

图 13-32    图 13-33

图 13-34    图 13-35

②假定乙使用挎肩折臂法折甲左臂且右腿衬甲左腿（图13-36、图13-37），甲使用搬腿摔法化解。（图13-38）

③假定乙使用挎肩折臂法折甲左臂且右腿套甲左腿（图13-39、图13-40），甲使用左腿崩弹法化解。（图13-41）

图13-36

图13-37

图13-38

图13-39

图13-40

图13-41

(8) 抓衣化解

①乙右手抓甲胸前衣服并顺缠屈肘回带（图13-42）。为化解乙之拿法，甲右手按乙右手，左前臂搭在乙右臂上侧并走反旋圈第三段，即顺缠向右收肘。（图13-43）

②乙右手抓甲胸前衣服并顺缠前推（图13-44）。为化解乙之拿法，甲右手握乙右腕，左手从乙右臂下方顺缠托肘（图13-45），撤右脚右转体用左肩抗击乙右肘。（图13-46）

图13-42

图13-43

图13-44

图13-45

图 13-46

(9) 手指交叉型双拧手

①甲乙双手手指交叉相握（图 13-47），甲双手顺缠折乙手指并上托。（图 13-48）

图 13-47

图 13-48

②假定乙双手顺缠折甲手指并上托（图13-49）。甲用高探马式化解：右手顺缠，右肘走上左弧线绕到乙右臂外侧（图13-50、图13-51），右臂逆缠走下右弧线绕到乙胸前，左手按乙后腰，右手推其胸部。（图13-52）

图 13-49

图 13-50

图 13-51

图 13-52

2. 摔法

陈式太极拳式中有很多种摔法，这里所要讲的几种摔法，更确切地说是破坏对方平衡而使其倒地的方法。强调用缠丝劲、用缠法，用尽量小的力迫使对方倒地，要充分体现太极拳"四两拨千斤"的理念。

(1) 衬步外掤

甲左腿衬乙右腿，双手相掤（图 13-53）；甲左腿顺缠外掤，脚尖外摆，膝部向外、向下转，使乙倒地。（图 13-54）

图 13-53

图 13-54

(2) 套步扫带

乙右腿衬甲左腿内侧，则甲成左腿套乙右腿之势，双手相掤，乙左腿顺缠外掤，欲迫使甲倒地（图 13-55）；甲左腿顺缠，脚尖外摆，脚跟内收，迫使乙倒地。（图 13-56）

图 13-55

图 13-56

(3) 后崩弹（径拦直入势）

甲以右腿衬乙右腿后侧（图13-57），甲右腿向后崩弹，迫使乙向后倒地。（图13-58）

图 13-57

图 13-58

(4) 高探马势

甲乙左前步合步，双手相掤（图13-59）。甲用右手顺缠向里、向左、向下引乙左臂（图13-60），进右步套乙之左腿左后侧，右手转向乙身后，手心贴在乙后腰部，左臂逆缠向前、向下压乙胸及颈部，迫使乙后仰倒地。（图13-61、图13-62）

图 13-59

图 13-60

图 13-61　　　　　　　　　　　　图 13-62

(5) 闪通背势

①乙进右步出右拳击甲；甲右脚在前，右手逆缠拿乙右手腕，左手顺缠托乙右肘（图 13-63），右转体，进左步衬乙右腿内侧，用左肩抗乙右臂（图 13-64），右转体将乙摔倒。（图 13-65）

图 13-63

图 13-64

图 13-65

②甲乙左前步合步，双手相掤（图 13-66）。甲右转体，向左前出左脚衬乙左腿外侧，右手顺缠拿乙左手腕，左肩靠到乙左腋下（图 13-67），右转体将乙摔倒。（图 13-68）

图 13-66 　　　　　　　　图 13-67

图 13-68

(6) 倒骑驴势（搬腿摔）

甲乙左前步合步，双手左侧相掤（图 13-69）。乙双手按甲左臂；甲左转换步成马步，右腿套乙左腿，双手腹前交叉（图 13-70），右转体，右臂由逆缠变顺缠挤乙颈部，左手由顺缠变逆缠搬乙左腿。（图 13-71—图 13-73）

图 13-69

图 13-70

图 13-71

图 13-72

图 13-73

(7) 穿裆靠

甲乙左前步合步，双手相掤（图 13-74）。甲右转体出左脚成左侧马步，左手逆缠向前左下插，左臂和左肩靠击乙裆部和腹部（图 13-75），左手顺缠向左后搂乙右腿膝腘，右手向左按乙左大腿外侧迫使其倒地。（图 13-76）

图 13-74

图 13-75

图 13-76

(8) 退步跨虎势

乙（穿深色衣者）和丙（穿浅色衣者）两人在甲（位于中间者）左右两侧同时拿甲左右手腕向后拧转（图 13-77）；甲双手顺缠翻腕反拿前收，并收左脚扫带乙。（图 13-78）

图 13-77

图 13-78

观察以上所举几种摔法的例子，从力学讲，大都符合力偶原理，或手与脚形成力偶，或双手形成的力偶，或同侧的臂和腿形成的力偶。例如：套步扫带（参见图 13-55、图 13-56）是双手与左脚形成力偶；后崩弹（径拦直入势）（参见图 13-57、图 13-58）是右手与右腿形成力偶；高探马势（参见图 13-59—图 13-62）是左手与右手形成力偶；倒骑驴势（参见图 13-69—图 13-73）是左手与右手形成力偶。

（五）强身健体

由于太极拳运动强调"松慢圆"，所以不管男女老少、体强体弱者都能练。可以举出许多体弱者练得身体强壮的例子。洪师青少年时身体很弱，一生经历坎坷，能享九十高寿，应是得益于太极拳。我所教的中青年弟子中，不少是坐办公室工作的，其中不乏亚健康者，例如颈椎、腰椎有病，神经衰弱，肠胃病，等等。经过一段时间（一般要半年以上）的太极拳锻炼，身体状况大都有明显的改善。跟我学练太极拳的大学生，长期坚持练太极拳，都会感觉到身体健壮、精力充沛、学习效率提高。中科院武术协会曾测试研究表明，练习太极拳可使心脏传导功能、供血功能、心率得到改善；血脂的三项指标显著改进；有效地改善人体末端微循环状态。2004年7月21日《健康报》载文讲了这样一件事：1995年以来，美国三位医学专家对全美1000名70岁以上坚持练太极拳的华裔老人，进行每3个月一次跟踪调查，并进行统计分析。结果发现，这些老人与美国不练太极拳（参加其他体育锻炼）的本土同龄老人相比，前者年摔倒的概率为5%，后者为30%。这不难解释，练太极拳能增强筋腱的柔韧性、弹性，有助于提高四肢的灵活性，增强人的平衡能力，能使心脑血液循环得到改善。摔倒是导致老年人骨折、心脑血管疾病发作，甚至导致死亡的重要诱因。

练陈式太极拳的要诀是"松慢圆缠"。我们重点讲一下缠法。在练拳的过程中，手时时处处都在做顺逆缠法，手指得到了充分的锻炼。人的手指与脑神经有密切的联系，手指的锻炼能起到健脑的作用。缠法对于锻炼筋腱作用很大。在做动作时，臂部、腿部虽不绷直，但要把缠法做足。这样的运动有类似于易筋经（例如十二式易筋经）的效果。人的健康与筋腱密切相关，民间流传这样一句话："筋长一寸，寿延十年。"易筋经中讲："且云易筋者，谓人身之筋骨由胎而受之，有筋松弛者、筋挛者、筋靡者、筋弱者、筋缩者、筋壮者、筋劲者、筋和者、种种不一，悉由胎。如筋弛则病，筋靡则痿，筋弱则懈，筋缩则亡，筋壮则强，筋舒则长，筋劲则刚，筋和则康。若其人内无清虚而有障，外无坚固而有碍，岂许入道哉？故如入道莫先于易筋而以健其体。"

前面讲过可以举出许多因坚持练太极拳而使得身体健康的例子。也有朋友对我说起，某某太极大家功夫极好，但只活到五十几岁。这虽然是极少数，但我们必须面对这样的事实，找出问题的原因。

几乎所有体育运动都具有健身和竞技两种功能。作为专业运动员，强调的是竞技。专业运动员为了出成绩，要做大运动量的训练，要参加超强度的比赛。这样的训练和比赛常常是超负荷的，并不能健身。作为专业运动员，其训练目的主要不是健身，而是成绩、是荣誉，个人的荣誉、集体的荣誉、甚至国家的荣誉。为此，甚至要以损害健康为代价，当然他必须这样，无可非议。练太极拳不像其他竞技体育运动强度那么大，那么激烈，所以更有利于保健，但也有个别练太极拳者甚至是太极功夫很好的人并没有把身体练好。《精武》杂志2002年第13期张方先生文章中举例说，有太极拳功夫很好的人，身体并不好，也未能长寿，并且说："似乎太极拳的养生和技击两种功能不可兼得。"我认为这句话并不确切，太极功夫好，一般身体也健壮，但是也可能有例外。什么原因呢？某些太极功夫好的人，经常与人交手，发力过猛，这对身体是有损害的。人体具有强大的潜能，这种潜能是生命的基础。通常情况下，不在极端危机的时刻，这种强大的潜能是不会释放出来的。有一个不雅的比如，即人们常说的"狗急跳墙"。也就是说，这种潜能的释放是在强刺激下的本能反应，是无意识的。这种外界的强烈刺激，与运动员服用兴奋剂有类似的效果。通过某种特别的训练，某些人可能培养出一种特殊的功能，即能有意识地调动出这种潜能的一部分。这种潜能的释放会给人体造成极大的损害，而自己当时却觉察不到。我主张"厚积薄发"，即认真练功，练就好的内劲。交手时，十分内劲只用六分、七分，即使输，也在所不惜。对于太极拳爱好者，与朋友试手交流是正常的，这种交流可以增强对太极拳的兴趣，可以交友，也能健身。试手交流时要注意两点：一是不要争勇斗狠，要讲究艺术，要试着用缠丝劲，以达到四两拨千斤的效果；二是不要太在乎输赢，特别在输了的时候，不能耿耿于怀，要豁达大度。当然，这只是对普通太极拳爱好者而言的。对于参加正式强对抗性比赛的青年运动员来说，往往强调的就是赢，其他已是次要的了。另外，还有一个心态的问题，越是功夫好的人，一般也越在乎自己的名和利，心理负担过重。身体健康、长寿是人人所期盼的。对于个别的功夫高人，即非如此，也值得人们尊敬，李小龙就是一个非常典型的例子。例如竞技体育项目的奥运冠军是值得人们尊重的，但他未必健康没病，但对一般练拳者，还是应将保健放到第一位。

　　现在大多数人练太极拳的目的是健身，但我们为什么在讲拳式时总是讲技击？首先要注意到太极拳是"拳术"，不是一般的健身操。有的学得比较认真的学生会问："这一式为什么这样做？"如果老师回答说："书上就是这么讲的。"或者回答说："我的老师就是这么教的。"这实际上等于没有回答，也很难回答说只有这样才能健身，不这样做就不能健身。太极拳的原本是技击，但其结果是健身。实际上，除去专门为健身而设计的体育项目（如健身操）外，所有体育项目都是这样的。例如为了健身去学练打乒乓球，你学练的是打乒乓球的技术，结果是健身。选择某项体育运动健身，很重要的一条是你对这个项目感兴趣，能从中体会到快乐。学练太极拳讲究技击也是为了培养兴趣，不然只讲放松慢练，人们会感到枯燥，特别是年轻人。

有些人知道太极拳是一项很好的健身运动，但觉得学起来很难。有人告诉我，他觉得难，主要是因为有人对他讲，每一动作都要和呼吸配合。实际上，打太极拳未必强调每一动作和呼吸配合，过分地追求气感未必能健身。张方先生在其文章中举了两个太极名家练丹田气的例子，"在丹田处练出了一个球，能旋转"，但都是"因腹泻而过世"。这虽然只是两个反面的例子，但至少说明，为了健身未必非练丹田气不可。洪均生老师和陈发科先生都主张自然呼吸。打拳时，呼吸要自然，只要能放松，特别是肩部放松，胸部虚含，身法中正，气自然会沉下来，而不至于气往上顶。下盘沉稳、上盘轻灵是人健康的特征，在保健方面，我们强调的是放松慢练以达到整身协调，练缠丝劲以健其筋。

我主张要"打快乐的太极拳"。打太极拳给我们带来快乐，也必能给我们带来健康。

十四、太极拳之谜

太极拳是中华民族优秀的非物质文化遗产。太极拳是太极拳界经历了数百年的经验积累才发展到今天几近完美的形态，但有许多看似奥妙的太极现象尚且缺乏科学解释。这里说的科学，是指如运动力学、运动生理学等现代科学以及统计对比试验等科学方法。正因为如此，至今仍存在不少有争议的问题。另外，太极拳起源、传承，太极拳式名等也存在不同的观点和说法。

（一）太极拳起源、传承及式名问题

1. 起源问题

《武林》杂志1998年第1期首页登载莫朝迈先生的文章《历史不是泥人》。文中对当代发表的某些有关历史武林名人逸事提出质疑。文中有这样一句话："我国明代有些文人重印古籍，随意编纂，给后来的治学者留下了许多难题，因而后人有'明人好古书而古书亡'之叹。"引用此话是以古喻今。现在所见到的古籍太极拳"文献"，有许多使人真假难辨。

《中华武术》杂志1999年第11期刊载题为《张三丰太极拳及太极拳理论》的文章。文章开头讲"关于太极拳为何人所创？自二十年代争论以来，至今尚无定论。为与同好者共同研究，今将笔者手中有关张三丰太极拳理论的资料公之于众，供参考"。文中附有张三丰太极拳七十二式图谱，并注明是原载《道藏精华》。七十二式中有五个"揽雀尾"势，看来应是其套路中的主要拳式。揽雀尾是杨式太极拳的主要式子。吴式太极拳来自杨式，也有揽雀尾势。杨式太极拳继自陈式，其创始人杨露禅学于陈长兴。陈式没有揽雀尾势。如果当年张三丰把揽雀尾作为主要拳式，陈氏没有学到，隔了几百年后，杨氏却学到了，这可能吗？揽雀尾势应是杨氏所创，不可能倒回去出现在张三丰的拳式中。该文附图的人物着古式长衫，但其拳式式名及拳姿更接近杨澄甫先生所传拳架。文章中关于拳理的文字许多与清代王宗岳、武禹襄等人的文章相同或相近。不管怎么样，这毕竟是一个有争议的问题。

拳以"太极"冠名是何时何人所为也是一个谜。有人会说，查出现"太极拳"名字最早的文章不就可以了吗？这也存在一个难题，有些注明早期太极拳的文章真假难辨，往往是后人假托早期名人写的文章。

2. 传承问题

中国是一个文明古国，古代许多优秀的技艺经历沧海桑田流传下来，成为今日珍贵的非物质文化遗产，但也有不少很优秀的技艺失传，令人遗憾。现在偶尔发现并找回某种据说是失传的东西，怎能不令人神往？太极拳界也是这样，当人们见到某人练的拳与众不同时，问："你这是跟谁学的？"这人也许答曰："这是某某秘传。"某某现已不在世，这种"秘传"便成为一个"谜"。当然，并不能否定所有的秘传。我们再反过来看这一问题。洪均生老师跟随陈发科先生学拳15年，深得陈先生真传。1956年以后，洪老师在原学拳架基础上做了一些修改。现在有人评论道："把陈发科的拳全改乱了。"如果洪师在陈先生去世后，讲这是1956年陈先生秘传，也许人们就不会这样评论了。

3. 式名问题

早年太极拳传承缺少文字记录，多为口授。由于地方口音的差异等原因，使得现在的太极拳式名有明显差异。有的是名相同但练法不同，有的是练法相似但名不同。举例如下：

①懒扎衣，揽擦衣，拦擦衣，揽插衣，揽雀尾。
②左插脚，右插脚；左擦脚，右擦脚；左插，右插；左起脚，右起脚；左拍脚，右拍脚；左分脚，右分脚。
③拗拦肘，顺拦肘；拗弯肘，顺弯肘；腰拦肘。
④倒卷肱，倒卷红，倒捻肱，倒卷帘，倒撵猴。
⑤穿地龙，雀地龙，仆地鸡，切地龙，下势。
⑥闪通背，三同背，扇通背。
⑦拳炮捶，全炮捶，变式大捉炮。

⑧倒插花，捣叉捣叉。
⑨上步七星，上步骑鲸。

类似的情况还有许多，不再一一列举。式名可分为两大类，一类是象形型，如白鹤亮翅、野马分鬃、玉女穿梭等；另一类是说明动作及作用的，如六封四闭、掩手肱捶、搂膝拗步等。有些式名意义不太明确，如拗鸾肘、顺鸾肘中的"鸾"不知是何用意。再如，戚继光《纪效新书·拳经》有雀地龙一势，陈式太极拳中也有雀地龙一势，应当是象形型。对照拳式练法，令人难以想象这里为什么用一个"雀"字？

关于"上步七星"一势，我想做点说明。各太极拳门派都有以上步七星命名的式子。"七星"在武术中是常用的词，例如"七星剑""七星捶"等。只有洪老师所传授的拳式使用"上步骑鲸"式名。我认为洪师用这一式名可能是为了和下一势退步跨虎相照应。另外，清代名相刘庸诗作《题寻源小像》有"鲸背游仙问东海"之句。所以将"上步骑鲸"用在此处既能和退步跨虎相照应，又赋有诗意。

（二）太极拳形、意、气及经络问题

1. 形的问题

关于"形"，我们先讨论身法的问题。在提到身法时，无论哪个门派都讲"身法中正"，这是共同点，但就身法而言，不同的门派、不同的人，存在许多不同的点。例如洪均生老师要求"尾骨长强穴后翻"。《陈说》中也要求"尾骨后翻"。另有人说"尾骨要前裹"。再如有人说要"开胯"，有人说要"缩胯"。

再论手法，可以举出许多太极名人不同的说法。自从《陈说》强调了缠法和缠丝劲在太极拳中的作用之后，洪均生老师将其进一步地发扬光大，但除陈式太极拳外的其他太极拳门派并不重视缠法和缠丝劲。在20世纪60年代就缠丝劲和抽丝劲的问题就有过公开的辩论。

陈式太极拳是强调缠丝劲的，但还没有人能以人体科学、运动力学等现代科学来说明究竟缠丝劲好还是抽丝劲好。曾经有人著文说，气血在人体内走的是曲线，所以通过这种螺旋缠绕的运动可以促进人体的血液循环。这是非常牵强的，并不能说服人。我虽然赞同"缠丝劲"说，但因为持不同说法的人群中都有太极功夫极好的人，所以我还是把这类问题作为"谜"。再举一例，有一部现代太极拳著作，书中有一段文字说，某甲说太极拳的动作没有直来直去的；还说，某乙说从技击效果看，得机得势是要直线出击的。这里所说的甲乙两人同出自杨澄甫先生的门下，都是著名的太极拳大家，说法确相反。我认为，要分辨这些问题，至少应当做统计对比试验。

2. 意的问题

"意"是太极拳中的一个重要概念，太极拳主张"用意不用力"。这里说的"用意"是指练拳要时时想着太极要领；"不用力"是指不用拙力、不用莽撞之力。在指导学生练拳时，我常告诫学生说："你放松得不够，要再放松些。"学生会再问："怎样才能更放松？"我的回答是："关键是要加放松的意念。"《陈说》中讲："每打一势，轻松运行，默默停止，惟以意思运行。"也表达的是"用意不用力"。

20世纪80年代经常有气功师声称能用"意"搬石头，也有练太极拳者称能"凌空"打人（不接触对方，用"意"将人打倒），显然违背科学。有人会反驳说，我亲眼见过能凌空把人打倒的情形。如果这种现象果真存在，至少现在还不能做出科学解释，应当是个谜。我认为与人交手接触的瞬间，不可能用"意"打人，而是靠平日训练而培育的本能自然反应。如《陈说》所讲："我身无处不太极""遭着何处何处击，我亦不知玄又玄"。

3. 气的问题

所有的体育项目都很重视呼吸问题，重视动作和呼吸的配合问题。另外精神意义的气也很重要。有位自由搏击教练不断地告诫他即将上场的弟子，你最大的问题是场上缺乏"霸气"，要拿出霸气来。太极拳是最讲究"气"的体育项目。问题是有的太极著作和教师过分强调"气"，使太极拳蒙上一层神秘色彩，使学练者不能理解。清代太极拳家武禹襄在太极拳理论上是有贡献的（参考沈寿先生的《太极拳谱》），但在几篇拳论中，有"气须敛，神宜舒"，"腹松，气敛入骨"之说；又有"气宜鼓荡"之说，似乎矛盾。更甚者，其"是以气言"的四字秘诀"敷盖对吞"，说的是用自己的"气"去"敷盖对吞"对方。从武氏的论述中可以看出对"气"是非常重视的，但又说："全身意在蓄神，不在气，在气则滞。尚气者无力，养气者纯刚。"这又矛盾了。常有学生问我："洪老师讲不讲气功？"20世纪80年代在一份太极拳刊物上载有一位太极拳权威人士写的"太极拳歌"，颂扬"敷盖对吞"四字秘诀。其中有句"敷盖对吞诀，十年仔细研"。洪老师评论曰："所谓'敷盖对吞'四字秘诀据说是'纯以气言，非功夫深纯不能理解掌握'。我自以功夫甚浅，不能理解。但怀疑气怎能如此神妙，能够将自己的气敷盖对方，而且能吞入对方？您老十年研究的结果如何？"这段评语足以回答"洪老师讲不讲气功"的问题了。

4. 经络问题

经络学说无疑是中国传统医学的一项重大成果，是中医的基础。像令世人惊奇的针灸医术，就是建立在经络学说的基础上。太极拳也与经络学说密不可分。太极拳在两个方面与经络学说有联系，一是技击，二是行拳时气的运行。在技击方面，《陈说》中讲："打人必识穴道，不识穴道恐打伤人，如膻中、上脘诸一被捶打，心气一提，心血一聚，随时能令人昏迷且甚而至于死。"《陈说》中具体指出十几个穴位被击打会出现的严重后果。"点穴"是武术最为神秘的技击术，至今多数人半信半疑。人体有几个大的系统，如呼吸系统、血液循环系统、消化系统、神经系统等。讲到气，最直观的就是呼吸。人的呼吸是可以受意识支配的，例如你可以做深呼吸、可以逆式呼吸、可以憋气等。当人完成吸气动作后，气在人体内的运行及所进行的生物化学反应就不再受人的意识支配。有些太极拳著作讲，做某一动作时，吸气后，气沿某一经络经过某些穴位到达某个穴位。这里，可将经络、穴位看成人体的一个系统。沿经络系统运行的气显然不是我们通常说的呼吸的气，这种气是什么？它又为什么会随着肢体的某个特定的运动而能沿某一特定的经络运行？这应当是一重大的科研课题，在没有实证研究结果前，也应当是个谜。

（三）太极拳双重问题

"双重"最早是清代人王宗岳在其拳论中提出来的，《王论》中写道："偏沉则随，双重则滞。每见数年纯功，不能运化者，率皆自为人制，双重之病未悟耳!"但《王论》中并未讲什么是双重,只是讲:"欲避此病,须知阴阳;粘即是走,走即是粘;阴不离阳,阳不离阴。"这不免引起后人的猜测。有人说,马步是双重。有人说,两人推手相互顶抗是双重。沈寿先生所点校考译的《太极拳谱》中有《太极轻重浮沉解》(清代杨氏传钞老谱,不知作者何人)一文中有"双重为病""双沉不为病,自尔腾虚""双重是病手,双沉是功手""双浮为病""双轻不为病"等一些议论,还提出什么"双轻""双浮""半沉""半浮"等名词。《太极轻重浮沉解》流传很广,至今仍有不少人引用,但这些议论和新名词丝毫没有解开"双重"之谜。

我认为不能只从"双重"的字面意义上去解释双重。《王论》是一篇短文,如果能用一两个句子说明什么是"双重",《王论》是不会不讲的。我认为,应从"阴不离阳,阳不离阴"去考虑双重问题。《陈说》中有这样一段话:"纯阴无阳是软手,纯阳无阴是硬手,一阴九阳根头棍,二阴八阳是散手,三阴七阳犹觉硬,四阴六阳显好手,唯有五阴并五阳,阴阳无偏称妙手。"双重就是纯阳,"是硬手"。太极拳每一动的身体各部位或虚(阴)或实(阳)都有一定的规矩,违背了规矩就可能造成双重。也就是说,手与足的配合、手与手的配合、足与足的配合,甚至于十个手指的配合都应当是阴不离阳,阳不离阴,都应当阴阳相济,否则就可能双重。

正如《实用拳法》中讲的:"手足上下配合不许双重,手与手的配合也不许双重。如六封四闭的双按,抱头推山的双按,由于身法是侧着的,手部发劲的分量当随之一轻一重,都是右手重于左手。再看步法的三角形,也可以体会出足与足的配合同样是前发后塌。"《实用拳法》中还讲:"整个躯干、肢节处处有虚实配合变化,同样处处不许双重。"

(四)太极现象

太极拳放松慢练能练出一种特别的力,这是不争的事实。我们已经举过一些例子,例如洪老师与人试手将人发放出去的例子。在教拳的过程中,经常会交手试验。下面再举一些例子。假定甲是练拳多年的老年人,乙是年轻力壮初学太极拳的年轻人。

①甲乙两人双手左右相交,五指交叉相扣(参见图13-47),无论乙先动还是后动,甲总能制服对方。而实际上乙手的握力大于甲。

②甲腋部夹住乙手臂（参见图 13-31），乙无论怎么用力也难以挣脱出去。但反过来，乙用腋部夹住甲手臂，甲可以用几种方法化解。

③甲乙两人合步站立（例如皆左脚在前），双手正面相掤（参见图 13-59），试验肩部的"迎门靠"法。无论乙先动还是后动，总是被甲靠得后退，甚至倒地。

④甲乙两人用同样的方式出拳击打丙胸部，丙会感觉到甲更有渗透力。

我们将上述事例称为"太极现象"。就看③所讲的太极现象，假定乙体重比甲重，这种现象仍旧出现。假定甲乙两人出肩部的速度一样，乙的质量大，为什么还会被靠除去呢？从物理讲，乙的动量大于甲，这样的碰撞会使乙后退。看来没法用刚体力学来解释。

其实在前面的内容中已经有不少类似的例子。对这些以弱胜强、以柔克刚的"太极现象"，比较粗浅地解释是，通过"松慢圆缠"长期的锻炼，人体的筋腱练得柔中有刚；神经系统对外部来力反应敏感，也就是拳论中讲的能"听劲""懂劲"。绷紧肌肉的练法就不会有这样的结果。更深入地研究还有很大的空间，有待太极拳界去探讨。

就技击而言，像拳击、泰拳、散打等技击术的训练方法，能练就强大的踢打能力，是人们都能理解的，也是现代体育理论能够解释的。而太极拳训练强调的是"松慢圆"。没有亲眼所见，没有人会相信靠放松、慢练也能练出技击的能力。当代体育项目，特别是奥运项目，都有深入的科学研究。太极拳基于《易》理，这是大道。历来的太极拳大家，也只能从哲学层面讲解太极拳，或用"气功"解释某些太极现象。近些年来，人们已开始从人体生理学、力学等方面研究太极拳，这是一个好的开端。有的太极著作还引用了一些近代力学概念，如向心力、离心力、重心等，但往往是汉字字意的理解，而误解了它们的物理学含义。有的说能练得周围出现强大的磁场、电场；有的说太极拳的力，不是力量的力，而是速度的力；有的说太极拳用的不是力，而是劲。这些都还不能解释"太极现象"。

附 录

一、太极拳论（王宗岳）

太极者，无极而生，动静之机，阴阳之母。动之则分，静之则合。无过不及，随曲就伸。人刚我柔谓之"走"，我顺人背谓之"粘"。动急则急应，动缓则缓随。虽变化万端，而理唯一贯。由着熟而渐悟懂劲，由懂劲而阶及神明。然非用力之久，不能豁然贯通焉。

虚领顶劲，气沉丹田，不偏不倚，忽隐忽现。左重则左虚，右重则右杳。仰之则弥高，俯之则弥深。进之则愈长，退之则愈促。一羽不能加，蝇虫不能落。人不知我，我独知人。英雄所向无敌，盖皆由此及也。

斯技旁门甚多，虽势有区别，概不外壮欺弱，慢让快耳。有力打无力，手慢让手快，是皆先天之能，非关学力而有为也！察"四两拨千斤"之句，显非力胜；观耄耋能御众之形，快何能为？

立如平准，活似车轮，偏沉则随，双重则滞。每见数年纯功，不能运化者，率皆为人所制，双重之病未悟耳！

欲避此病，须知阴阳：粘即是走，走即是粘；阴不离阳，阳不离阴。阴阳相济，方为懂劲。懂劲后愈练愈精，默识揣摩，渐至从心所欲。

本是"舍己从人"，多误"舍近求远"。所谓"差之毫厘，谬之千里"。学者不可不详辨焉。

〔注：王宗岳，清代乾隆年间（1736—1795年）山西人。王曾寄寓洛阳和开封一带，以教书为生。他平素酷爱武术，精通太极拳〕

二、陈式太极拳品并序（洪均生）

诗有品，书亦有品，古人尝品之而著为文章，拳可无品乎？因访司空表圣诗品体例，戏成陈式太极拳品。拳品高低，实以人品为准。

（一）端 严

太极拳虽属传统运动项目，而理精法密，具有完美的艺术形式，又是增强人民体质的适宜方法。学者应在锻炼中，从严从难，细找规律，首先以端严为主。

拳虽小技，能强身体。眼身步手，规矩莫失。动静开合，刚柔曲直。螺旋协调，对立统一。

（二）圆 和

练此拳虽应严守规律，但又忌拘束，须从端严之中，注意圆转和谐。

太极运动，不离方圆；上下相随，首在螺旋。弧线转换，内外循环；虚实互换，奇正经权；千变万化，重心无偏；意会形合，庶几近焉。

（三）轻 灵

圆和是解拘束的方法，轻灵是圆和的效果。

能圆则轻，能和则灵；回风燕子，点水蜻蜓，将往复还，寓送于迎。速非飘迫，迟不留停，翩若惊鸿，宛如游龙。圆转如意，中有权衡。

（四）沉 着

轻灵而不沉着，久恐失之飘浮，继以沉着。法以顶劲领起，重心随遇平衡。眼法注视目标，保持动中之静。

车轮飞转，中不离轴；沉着轻灵，以刚济柔；刚劲非顶，柔亦不丢。重心旋沉，裆膝中求。乘风破浪，万吨之舟，全在舵手，操纵自由。

（五）雄 浑

沉着在内劲，雄浑在气势，二者互相表里，然非规矩之至用力之久，不能臻此境界。

201

山崩海啸，虎视鹰瞵。狂飙千里，雷霆万钧。壮我声势，蔑视敌人；此非矫作，中自有真。行健不息，中气弥纯；威而不猛，是谓雄浑。

(六) 超 逸

偏于雄浑，或近粗野，济以超逸。

谦虚谨慎，不躁不骄，意能中和，形自逸超。流水潺缓，行云飘飘，浅底鱼翔，微风柳摇，遂使观者，矜躁都消。炉火纯青，百练功高。

(七) 缜 密

超逸而不失规矩，必须过细揣摩，达到缜密。

天衣无缝，针线泯迹；规矩之至，动必如式。螺旋万转，无往不利。一羽难加，敏感至疾。飞虫难落，变化莫测。收放无间，动静合一。

(八) 缠 绵

缜密必紧凑，调节必缠绵，保持对立统一法则。

源泉混混，江河涛涛；来脉既充，其流乃遥。春蚕吐丝，茧成而缲，往复缠绵，旋转万遭；迟留赏会，迅疾离超；法不离圆，旁求徒劳。

(九) 精 神

外体的运转，既缜密而缠绵，精神的表现，应严肃而活泼。

习之既精，自然得神，传神在目，非喜非嗔。骅骝嘶风，鹰隼出尘；伺鼠鸟园，跃水锦鳞。好花初放，秋月常新；形神潇洒，永葆青春。

(十) 含 蓄

精神过分外露，也是一病，还应含蓄。

内劲充实，外无矫饰。千斤之弓，四两之矢；引而不发，跃如中的。山雨欲来，好风将起。譬彼兵法，守如处女；一触即发，浅尝辄止。

（十一）雍 容

含蓄不是拘谨，而要落落大方，气度雍容。

轻裘缓带，叔子之风；以暇御整，气度雍容；号令万军，旗帜鲜明。沧海旭日，泰山苍松；秋云舒卷，春水溶溶。疏密成文，河汉列星。

（十二）隽 永

拳经揣摩，有景有情，玩味无穷。

拳中有景，即景生情；山重水复，柳暗花明。良友优游，其乐难名；景与情会，趣味无穷。如烹鲜鲫，既腴且清；淡妆西子，出水芙蓉。

（十三）自 然

"同自然之妙，有非力运之能成"，《书谱》赞语，移状拳法。

严守规矩，潜化默通；心手两忘，自合准绳。运斤大匠，解牛庖丁；不着痕迹，纯以神行。妙造自然，源于苦功；自强不息，精益求精。

三、喜寿太极赞并释（许盛华）

一划开天地，八法定乾坤。问师洪均老，溯源太极陈。
武学继大宗，杏坛嬗文明。文武妙同巅，斯为真上乘。
拳道契至理，造化衍玄微。无碍本无住，圆融何劳觅？
恒衡意守中，和合息抱一。任运从机宜，意随不用力。
凭虚势乘风，岳峙沉渊渟。动静两相忘，浑然同水清。
喜哉桃李旺，寿之无量光。道途其修远，太极日月长！

杨喜寿教授书生怀剑，绝艺在身，沉潜于太极拳文化研究，盖自三方面契入：一者修证，二者传播，三者著述。三位一体，彼此增益。有感杨教授之太极拳艺境界及传道功德，谨以为赞，题曰《喜寿太极赞》，并贺《陈式太极拳·原理探究　用法详解》付梓。为畅达文意，兹对文句略作诠释：

一划开天地，八法定乾坤。老子《道德经》云："道生一，一生二，二生三，三生万物。……"《易经》云："易有太极，是生两仪。……"王宗岳《太极拳论》曰："太极者，无极而生，动静之机，阴阳之母也。"故道同无极、不易，一即易，即太极。一划，指轨迹运行开始（有形），又指念起之始（无形）。开天地，亦即生阴阳、生两仪。太极生阴阳正合"一生二"道之言诠矣。八法云者，可言武，可言医，可言书，实则诸门诸类，外虽大异，其理一也，无不汇归大道之法。于武术，是手、眼、身法、步，精神、气、力、功八种方法总称。于国医，则是在辨证论治原则指导下八种基本治疗大法之总称。于书法，可指侧、勒、弩、趯、策、掠、啄、磔，汉字楷书结字之八个基本笔势，又可以"八"之真、草二体寓太极开合二势——真书之"八"字开而草书之"八"字合。乾坤者，二元也，无外天地阴阳。"知其白，守其黑，为天下式"，一语"定乾坤"。

问师洪均老，溯源太极陈。问师：问，请教、叩问；师，师承、师法。杨喜寿先生师事当代太极重镇洪均生，而洪公宗承太极拳一代宗师陈发科。溯源太极陈，乃务其本源也。又，德高望重之耄宿，往往略其尾字，以示尊崇，如赵朴初称赵朴老，李苦禅称李苦老等，洪均生先生尊谓洪均老。

武学继大宗，杏坛嬗文明。"取法乎上，仅得其中；取法乎中，仅得其下"。前人训语，信为的言。洪传陈式太极，宇内闻名，允称大宗。嬗，传承，传递，杨教授任职山东大学，数十年诲人不倦，人类文明所赖以嬗传者，师也。

文武妙同巅，斯为真上乘。文武道同，文通武得上乘，武至文乃极则。文武之通在于理趣，并举则称备，分列成阙如。故古来文武兼修为学人上图，文者儒，武者侠，明照四海怀天下。洪均生先生于太极拳外，兼通诗文书画、曲词音律。杨喜寿先生则本为学者，积学宏深，参会武学，确然能"理精法密"，令太极义理更趋系统详备。

拳道契至理，造化衍玄微。拳道一途，轨迹之学，破空之学，亦即以有破无，假无化有，涵虚实，致刚柔，随开合，应迅迟，攻守收放，无非速度、力度、角度之恰然妥当。契，契合，通彻。拳道契合、通彻至纯至真的道理。造化玄微：张三丰《大道论》有此谓者。造化之妙密，洞达玄微。衍，衍生演化。

无碍本无住，圆融何劳觅？ 无碍，圆融没有障碍。《金刚经》："应无所住而生其心。"无住，即无所执着。无所执着，当下便得无碍无滞，圆融之境更何劳心外寻觅耶？故大道至理即为心法，心外之谋，南辕北辙矣。

恒衡意守中，和合息抱一。 恒，永恒，时间概念；衡，平衡，空间概念。恒衡，演行过程之时空状态，贯穿始终，取永续不断、中定不倚之意。和合：调适，和谐，"和合"观是中国传统文化基本精神之一，也是一种具有普遍意义之哲学概念。守中：顺应自然，持守本性，安定自我内心；抱一：专注恒一之意念，心无旁骛。所谓守中者，守此本体之中也。中心之心既实，五行之心自虚，此抱一守中、虚心实腹之本旨也。

任运从机宜，意随不用力。 任运：任法之自然运动，不加人为造作。机宜：依据客观情势所采取的对策。"势"之一字，可谓拳道轨迹之本体，而势之变易则为其用。太极于势，不逆、不悖、不丢、不顶，一路乘之、就之、顺之、凭之，绝然不以力敌，全由一意任随。力、意之间，势成消长，太极上乘，全在意为，若以力搏，则不免有违太极真义了。

凭虚势乘风，岳峙沉渊渟。动静两相忘，浑然同水清。 凭虚势乘风：如同无所凭借，乘风势而动焉。岳峙沉渊渟：如高山巍然耸立，如渊水静穆深沉。观杨喜寿先生演练太极拳，飘然灵动如凭虚御风，岿然沉郁若渊渟岳峙，动静之间，起承转合，次第分明又不着痕迹。叹为道中高手。先生文武兼修，触类旁通，早岁曾习"螳螂拳"，象形取意，日久功深，得入心契；又于戏曲武生之步法身段颇有意会——戏曲是一种高度抽象化之艺术形式，其于武术，多有通会之处。所谓取诸百家，融会贯通，风范自成矣。

喜哉桃李旺，寿之无量光。道途其修远，太极日月长！ 洪公、杨教授一脉，文人书生从学者众，琴心剑胆，诚可慰怀也。太极拳是以智克力之术，文人习之，因无本力可赖，唯从技艺核心参悟，而太极精髓恰从此出。先生多载传道授业，如今高徒浩众，不乏俊彦。喜哉，寿之，松心则喜，养心而寿，嵌其名讳，谨致祈祝，愿杨先生健康长寿，艺业无量。

四、学拳小记

1981年1月份，有一天我的一位朋友对我说："你不是想学太极拳吗？我在报上看到一则消息，黑虎泉公园有位姓洪的老师在教陈式太极拳。"第二天早晨我到了黑虎泉公园，见到一位五十多岁的先生正在带领大家打拳。我被这位先生潇洒、雄浑的拳姿深深地吸引住了。得空我走向前去对这位先生讲："老师，我想学拳，能收我吗？"先生指着西边一位老者讲"我不是老师，老师在那里"。我赶紧走向那位老者，心存敬意地讲："老师，我想来学拳，能行吗？"不等老师回答，我又简单地做了自我介绍，并把工作证给老师看。当时我想，如果身份不明，老师是不会轻易地收学生的。之后老师说："来学吧。"过了一会儿老师又说："我看你也不像很壮的人，好好学，好好练，一样能练成。有些人自恃有力，学拳不用心，练拳不用功，太极拳是练不成的。"我领悟到这是老师对我的鼓励，心中非常高兴。从此，我进入了陈式太极拳的学堂，天天早晨到黑虎泉公园学拳、练拳。当时带领我们十几人练拳的是李宗庆大师兄。

　　我在跟李师兄练拳的过程中，几乎每天都请洪老师给纠正拳式。纠正拳式的过程大体是这样的，老师让你先练一拳式，然后他做一遍给你看。我记得纠正"金刚捣碓"一式，用的时间最长，有两三个月。一路拳纠正完差不多用了一年的时间。现在大家所见到的洪老师打拳的录像和老师给纠正拳式是不一样的。老师给纠正拳式时是将拳式的每一动作分解得很细。至今当年老师的拳姿在我心中还留有深刻的印象。

　　在黑虎泉公园学拳时，有一段时间，隔几天洪老师就带几页他写的回忆录给我看，我看完后就还给老师。老师回忆录中所写的许多事情在现在已有的材料中可以见到，但有些没有见到。不知洪老师回忆录的原始手稿现在何处。

　　20世纪80年代在黑虎泉公园学拳那个时期是我工作最为繁忙的时期，教学、科研、行政工作压力很大，但在老师的鼓励下还是坚持下来了。每天早晨很早就到黑虎泉公园练拳，为了不耽误上班，我预备下炒面、熟鸡蛋，从黑虎泉公园回到家用热水冲炒面，鸡蛋剥皮放入，3分钟就能把饭吃完。现在回忆起来，仍觉得很有趣。1985年1月一天早晨五点半左右，天还很黑，我骑自行车去黑虎泉公园，从山师东路南端向北（是下坡）在到文化东路左转弯时，没看清路上有冰，速度又太快，摔倒在地，滑出有五六米远。啊呀！离心力竟是如此的强大！当时虽然觉得左肩疼痛，还是坚持去了黑虎泉公园。现在回想起来，那时的确被陈式太极拳迷住了。正是因为这一跤，得了肩周炎。有一天到洪师家，老师见我左臂不能动，就问我原因，我说摔了一跤，成了肩周炎了。老师给我讲了一段往事:"1982年在上海参加太极拳交流会议,那时我也患肩周炎,与李恩久试手时,我是用反捣碓把他发出去的。"

有一次到洪老师家求教,我顺便说起最近工作太忙拳练得太少,洪老师说:"只要用心练,练得少点儿也没关系。我当年整套拳打得趟数也不多,但单个动作,利用零星时间没少练。"洪老师还告诉我空闲时,例如走路时,也可练手的缠法。另外,洪老师讲过一段往事,对我启发很大。50年代初,洪老师应聘为公家抄写证件(记不很清了,好像是工商执照类的),同时做同样工作的有数人。洪老师写一些后就停下来略休息,转动转动腰身(实际上这是陈式太极拳的基本功)。其他人一直在写。结果洪老师的效率比他们高得多。有些人为了赶进度,不休息,结果一疲劳就出错,一出错就得修改。修改一份的时间远比写一份的时间多。此后,我在读书、写文章时,不等到太疲劳,就站起来放松放松,或划几分钟的圈,或做几分钟的左右转体运动,效果很好。

我不太喜欢探亲访友。平时,除去在外面练拳,只有两个去处,即家和办公室,但是洪老师家我还是常去的。20世纪80年代中期和90年代的前几年,周日我常到老师家请教。使我印象最深的有两件事。一次我说,我们在试验"裹身鞭"一式时,被从身后搂抱的人,提掤动作用不出来。洪师讲这里使用的是一种"崩炸劲",一般人练不出来。洪师当时没有与我试"裹身鞭",而是让我从他的右侧封按他的右臂。洪师用"右蹬脚"的动作,即逆缠下收掤,顺缠上开掤,没及蹬脚我已被发出。这次使我知道了太极拳有一种"崩炸劲"。另一次是在谈到所谓的"敷盖对吞"四字秘诀时,我问老师太极拳到底有没有秘诀?老师说:"哪有什么秘诀,练拳最主要的是做到放松、慢练、走圆。总起来就是三个字'松慢圆'。"停了一会儿,老师又说:"练陈式要把缠法走足。"从此以后,在我心中就有了陈式太极拳的四字诀:"松、慢、圆、缠"。

洪老师不仅是太极拳一代宗师,而且在如京剧、书法、文学等方面造诣颇深。我到洪师家求教,除太极拳外,洪师经常给我谈起这些方面的知识。有一次,洪师对我讲:"你们学校有位姜老师,我很佩服他'文革'中保护了很多旧京剧唱片。"然后又对我说起在广播中听到姜老师讲的京剧音韵问题。洪老师讲到梅兰芳的《霸王别姬》中一段"南梆子"唱腔中的"和衣睡稳"的"和"字、"猛抬头"的"猛"字等是如何发音的。后来又谈到有关音韵十三辙的问题，特别提到在某出戏中的"写"字就是"乜斜"辙等。回校后我和姜可瑜先生谈起此事，姜先生说："难得民间有对京剧如此深入研究的人，你领我去拜访拜访这位老先生。"一日我同姜先生一起到了洪老师家。洪老师热情地接待了姜可瑜先生并进行了亲切地交谈。之后，洪老师写了一首诗赠送姜可瑜先生，其手稿复印件如下：

洪师诗文影印件

有一次我携小女杨爽到洪老师家求教，临走时我求洪老师给题字。洪老师当时家中还没有毛笔等文房四宝，刚好我身边带有一个合页本，洪师就给我们写下了一段鼓励之词，并写了所著《陈式太极拳品》示我。复印件如下（《拳品》只印出首页）。

拳品首页

本人自幼喜爱武术，童年时曾学过通背拳。大学读书时，是山东大学武术队队员，主要学练国家规定套路。也练过查拳、罗汉拳、大红拳、螳螂拳等一些传统武术套路。自从 1981 年跟随洪均生老师学练陈式太极拳后，才体会到陈式太极拳确实"理精法密"。之后，我专练陈式太极拳，没有再练其他武术套路。

从 20 世纪 90 年代开始，本人在山东大学校园传授洪师所教陈式太极拳，并指导成立了山大太极拳协会，现为该协会总教练。在这十几年中，每年有 50 名以上的新生学拳。在这期间，还教过不少来自美、英、法、德、日、韩、俄、老挝等国外籍学生。

后 记

洪均生老师是陈式太极拳一代宗师。洪师逝世将近十八年了，老师的音容笑貌、老师的拳姿，仍时常浮现在我的脑海中。在我教拳的过程中，每教一个动作，我都要给学生讲洪老师当年是怎么讲的。写这本书的目的就是想将洪师所教我的拳理拳法发扬光大。几年前，一想起自己是古稀之年，再不把洪师所教及我个人的体会、领悟写出来传下去，于心不甘，但一动起笔来，又觉得难度很大。幸亏朋友的热情鼓励和帮助，学生的迫切要求，促使我最终还是把书稿写出来了。

写书的过程，用功最多是拳法试验。对于洪师所教授的拳法中的每一个动作，我都与学生和朋友反复试验。经过反复试验，我将某些拳式做了修改。动作虽做了某些修改，但仍完全遵照洪师所授陈式太极拳的拳理。说到这里，我要特别感谢多年来经常与我试验拳法的学生，如范冠卿、赵维民、郑煜、吴光傲、杨东雷等。他们虽然很乐意配合我试验，但这毕竟是件很艰苦的事情。

在写作的这段时间里，有许多学生，经常询问书能何时出版，希望尽快看到。有的还对书稿提出一些宝贵意见，例如赵维民、柳毅民、郭巍（上海）、林惟玥（南宁）、陈杵生（广州）、周鹏（湖南）、张得才（临沂）等，这是对我的督促、帮助，也给了我信心和力量。

书稿中使用了大量的照片，这些照片是刘朝宾、刘畅等拍摄的，先后拍摄过数千张照片，他们两位耗费了很多时间。袁维刚、曹可君等在拍摄和处理照片方面做了不少工作。

在书稿写作过程中，还有我的许多朋友和学生给了我真诚无私的帮助，在此特表谢意。

杨喜寿

2014 年元月

图书在版编目(CIP)数据

洪均生传授　陈式太极拳　原理探析　用法详解 / 杨喜寿著.
-北京：人民体育出版社，2015（2015.12.重印）
ISBN 978-7-5009-4739-4

Ⅰ.①洪…　②陈　Ⅱ.①杨…　Ⅲ.①陈式太极拳-技术与理论
Ⅳ.①G852.11

中国版本图书馆 CIP 数据核字（2014）第 300676 号

*

人民体育出版社出版发行
三河兴达印务有限公司印刷
新　华　书　店　经　销

*

787×960　16 开本　14.75 印张　270 千字
2015 年 5 月第 1 版　2015 年 12 月第 2 次印刷
印数：4,001—7,000 册

*

ISBN 978-7-5009-4739-4
定价：40.00 元

社址：北京市东城区体育馆路 8 号（天坛公园东门）
电话：67151482（发行部）　　邮编：100061
传真：67151483　　　　　　　邮购：67118491
网址：www.sportspublish.com

（购买本社图书，如遇有缺损页可与邮购部联系）